INHALT

INHALT 1

EINFÜHRUNG 6

KAPITEL 1: WAS IST KOMMUNIKATION? 7
    Ziele einer wirksamen Kommunikation 7
    Was sind ineffektive Kommunikationen? 7
    Fähigkeiten, um ein besserer Kommunikator zu werden 7
    Starke Kommunikation in drei einfachen Schritten 8
    Hindernisse für eine erfolgreiche Kommunikation - und wie man sie überwindet 9

KAPITEL 2: DIE BEDEUTUNG DER KOMMUNIKATION IN DER PAARBEZIEHUNG ...12
    Die sechs (6) Stadien einer Beziehung 12
    Die sechs (6) menschlichen Bedürfnisse in der Beziehung/Ehe 13
    Warum Paare sich streiten 13
    Wie Kommunikation in einer Beziehung funktioniert 14

KAPITEL 3: DAS PROBLEM: EGO IN EINER BEZIEHUNG 15
    Anzeichen von Egoismus in einer Beziehung 15
    Wie das Ego eine Beziehung zerstören kann 16

KAPITEL 4: MENSCHEN KOMMUNIZIEREN UNTERSCHIEDLICH 18
    Validierung und Invalidierung 18
    Ungültigkeitserklärung 19
    Mündliche Entwertung 19

KAPITEL 5: VERBALE UND NONVERBALE KOMMUNIKATION 21
    Nonverbale Kommunikation 21
    Mündliche Kommunikation 23

KAPITEL 6: SIE SELBST ZUERST 25

KAPITEL 7: SELBSTBESTÄTIGUNG 27
    Stufen der Selbstvalidierung 27

KAPITEL 8: FOKUS AUF KOMMUNIKATION 29
    Grundregeln der Kommunikation 29
    Wie sich Kommunikationsfähigkeiten auf Ihre romantischen Beziehungen auswirken 29
    Wie sich schlechte Kommunikation auf Beziehungen auswirkt 29
    Streiten in Beziehungen ist eine Form der Kommunikation 30
    Grundlegende Kommunikationsfähigkeiten 31

KAPITEL 9: ZUHÖREN: DER ERSTE SCHRITT 32
    Wie man effektiv zuhört 32

KAPITEL 10: VERTRAUEN: DER ZWEITE SCHRITT 35

Strategien zum Aufbau von Vertrauen in Ihrer Ehe..37

KAPITEL 11: PAARKONFLIKTE ÜBERWINDEN: DRITTER SCHRITT **38**
Notwendige Maßnahmen zur Überwindung von Paarkonflikten 38
Lösung von Konflikten in gesunden Beziehungen 39
Wie Sie Konflikte in Ihren Beziehungen durch Antizipation lösen können 40
Konflikte zwischen Paaren: Es gibt etwas Nützliches 40

KAPITEL 12: DIE ROLLE DER EMPATHIE IN EINER BEZIEHUNG **42**
Einfühlungsvermögen 42
Kognitive Empathie 42
Emotionales Einfühlungsvermögen 43
Mitfühlendes Einfühlungsvermögen 43
Die Bedeutung von Empathie in einer Beziehung 43
Wie man Empathie aufbaut 45

KAPITEL 13: MISSVERSTÄNDNISSEN VORBEUGEN: VIERTER SCHRITT..............**46**
Wie kommt es zu Missverständnissen? 47
Wie lassen sich Missverständnisse vermeiden? 47

KAPITEL 14: DIE UNTERSCHIEDE VERRINGERN: FÜNFTER SCHRITT **50**
Einander verzeihen 50
Ihrem Partner ein Kompliment machen 51
Konzentration auf das Positive 51
Gegenseitiges Verständnis für die Unterschiede der anderen 52
Interesse am Leben des anderen bekunden 52
Einander wissen lassen, wann sie zu Hause sein werden 52
Miteinander flirten 52
Kämpfen Sie nicht schmutzig 53
Gemeinsame und individuelle Interessen entwickeln 53
Zur gleichen Zeit ins Bett gehen 53
Sich Zeit nehmen für Kontakte 53

KAPITEL 15: GEDULDIG SEIN: SECHSTER SCHRITT **54**
Überprüfen Sie, ob Sie sich um sich selbst kümmern 54
Verstehen Sie, dass Ihr Partner Grenzen braucht 54
Lachen und scherzen 55

KAPITEL 16: ZIELE TEILEN: SIEBTER SCHRITT **56**
Zu beachtende Tipps 57

KAPITEL 17: ÜBUNGEN MACHEN: ACHTER SCHRITT....................................**59**
Stunde der Ehrlichkeit 59
"Ich fühle" Kommunikationsmethoden 59
Hoher und niedriger Nachtchat 60
Den Standpunkt der anderen Person wiederholen 60

KAPITEL 18: WEGE ZUR WIEDERHERSTELLUNG DER KOMMUNIKATION MIT IHREM PARTNER..**62**

Bitten Sie um Klarstellung 62

Neutralität bewahren 62

Hören Sie 62

Schweigen 62

Ermutiger verwenden 63

Reflektieren 63

Ich"-Nachrichten verwenden 63

Validieren Sie 63

Umleitung 63

Vermeiden Sie die Verwendung von Kommunikationsblockern......64

Höflich sein 64

Fragen stellen 64

Urteile vermeiden 64

Aufgepasst 64

Keine unaufgeforderten Ratschläge erteilen....................................65

Erhöhen Sie die Aufmerksamkeit durch Selbstentfremdung und Verringerung der Selbstzentrierung 65

Lesen Sie den Sprecher...65

Maßnahmen ergreifen 65

Verstehen, dass die Wahrnehmung alles ist 65

KAPITEL 19: HÄUFIGE KOMMUNIKATIONSFEHLER IN BEZIEHUNGEN.....................67

Kommunikationsprobleme in Beziehungen 68

Fehler in der Kommunikation und wie man sie vermeidet 69

KAPITEL 20: WIE MAN ÜBER KONFLIKTE UND EMOTIONEN KOMMUNIZIERT 71

KAPITEL 21: KONFLIKTMANAGEMENT; WIE MAN NICHT STREITET 73

Die Schlacht gewinnen, um den Krieg zu verlieren 74

Do's...75

Was man nicht tun sollte...76

KAPITEL 22: KOMMUNIKATION BEI KONFLIKTEN IN DER EHE..........77

Direkte Zusammenarbeit...78

Direkte Zusammenarbeit...78

Kooperation auf Umwegen 78

Hinterhältige Opposition 78

Direkte Opposition 79

KAPITEL 23: VERBESSERUNG DER KOMMUNIKATION 80

Verstehen Sie, was ich zu sagen versuche? 80

Die Barrieren der Kommunikation...80

Anzeichen dafür, dass Ihre Kommunikation gut oder schlecht ist 81

KAPITEL 24: WERTSCHÄTZUNG UND AKZEPTANZ DES PARTNERS 83

Tipps, wie Sie Ihren Partner in einer festen Beziehung so akzeptieren können, wie er ist..83

Den Partner in einer Beziehung wertschätzen 85

Anzeichen dafür, dass sich Ihr Partner in einer Beziehung nicht wertgeschätzt fühlt 86

KAPITEL 25: ERKENNEN UND LÖSEN VON BEZIEHUNGSPROBLEMEN 87

Probleme, die in verschiedenen Phasen einer Beziehung auftreten............................87

Wirksame Wege zur Lösung von Beziehungsproblemen...88

KAPITEL 26: WIE MAN STARKE PAARKONFLIKTE ABBAUT 91

KAPITEL 27: HÄUFIGE BEZIEHUNGSKONFLIKTE 94

Egoismus 94

Ein Mangel an Kommunikation..95

Ressentiments 95

Kritik 96

Unfaire oder unrealistische Erwartungshaltungen...96

**KAPITEL 28: BEZIEHUNG UND DIE ROLLE DER GEGENSEITIGEN
SCHULDZUWEISUNG 98**

Die wichtigsten Beziehungsprobleme, die Sie verhindern müssen 98

**KAPITEL 29: 9 KOMMUNIKATIONSGEWOHNHEITEN, DIE BEZIEHUNGEN
RETTEN 102**

1. Jeden Tag miteinander ins Gespräch kommen...102

2. Lernen Sie, "Ich fühle/es fühlt sich an"-Aussagen zu verwenden 102

3. Überdenken Sie, was Sie für "unwichtig" halten...102

4. Stellen Sie ihnen Fragen zu ihren Interessen 103

5. Sagen Sie Ihrem Partner jeden Tag mindestens eine positive oder ermutigende Sache 103

6. Wenn Sie nicht einverstanden sind, fordern Sie sie sanft zum Nachdenken auf...........103

7. Sag immer noch "Bitte" und "Danke...104

8. Bettgeflüster führen 104

9. Teilen Sie offen mit Ihrem Partner 104

**KAPITEL 30: VERSCHIEBUNG VOM ICH ZUM DU... UND DANN VOM DU ZUM WIR:
NEUNTER SCHRITT 105**

Wie können Sie dieses Ziel erreichen? 106

KAPITEL 31: PRAKTISCHE ÜBUNGEN FÜR PAARE IN DER EHE 109

Kinder und Elternschaft..109

Geld 110

Respekt 112

Körperliche Intimität und Sex..112

10 Qualitäten, die man üben sollte, um eine gesunde Beziehung in der Ehe zu finden 114

EINFÜHRUNG

Kommunikation ist der Prozess der Übermittlung von Nachrichten und Signalen zwischen einem Sender und einem Empfänger, und es gibt in der Regel verschiedene Methoden, die Sie dazu verwenden können. Gesprochene Worte, nonverbale Hinweise und geschriebene Worte können alle Formen der Kommunikation sein. Sie kann auch der Mechanismus sein, den wir nutzen, um Änderungen in unseren Beziehungen vorzunehmen.

Der nächste Punkt ist, dass Sie den Mut haben müssen, Ihre Meinung zu sagen. In einer Beziehung bringt es nicht viel, wenn Sie schweigen oder nicken und allem zustimmen, was Ihr Partner sagt. Das kann zwar Streitereien verhindern und das Gespräch vorübergehend voranbringen. Aber auf lange Sicht werden Ihre Gefühle und Bedürfnisse nicht gehört oder erfüllt, und das kann den Zerfall der Beziehung ziemlich schnell herbeiführen.

Wenn Sie mit Ihrem Partner sprechen, seien Sie zuversichtlich, dass Sie etwas zu dem Gespräch beitragen können. Nehmen Sie sich jeden Tag ein wenig Zeit, um sich Ihrer Gefühle und Meinungen bewusst zu werden, damit Sie sie dem anderen mitteilen können. Wie können Sie von Ihrem Partner erwarten, dass er auf Ihre Bedürfnisse eingeht und Ihnen zuhört, wenn Sie nicht in der Lage sind, sich auszudrücken?

Dies ist keine Gelegenheit für Sie, gemein zu sein oder ihnen ständig auf die Füße zu treten. Sie können dies nicht als Ausrede benutzen, um die andere Person herumzuschubsen oder ihre Meinung herabzusetzen. Es gibt Ihnen die Möglichkeit, aufzustehen und sich zu äußern und eine Meinung zu haben, die andere hören und die sie sich anhören wollen. Wenn Sie dies in angemessener Weise vermitteln können, werden Sie in der Lage sein, das zu bekommen, was Sie in der Beziehung brauchen, und gleichzeitig dafür zu sorgen, dass Ihr Partner gehört wird und seine Bedürfnisse erfüllt werden.

Wenn Sie Schwierigkeiten mit der Kommunikation haben (vielleicht sind Sie unsicher oder anfangs etwas schüchtern), dann ist das Beste, was Sie tun können, zu üben. Je mehr Zeit Sie sich nehmen, um einige dieser fortgeschrittenen Kommunikationsfähigkeiten zu üben, desto besser werden Sie sie entwickeln. Und wo kann man besser üben als mit seinem Partner!

Ihr Partner ist da, um Sie zu lieben und zu unterstützen. Er hat sich entschieden, den Rest seines Lebens mit Ihnen zu verbringen, Ihr Glück und Ihren Kummer zu teilen und Ihnen zu helfen. Wenn es nötig ist, nehmen Sie sich etwas Zeit, um einige der Probleme zu erklären, auf die Sie bei der Kommunikation häufig stoßen, und schauen Sie, ob er bereit ist, etwas mehr Geduld zu zeigen, wenn Sie sich äußern, oder ob er sogar einige Tipps hat, um Ihnen zu helfen. Die gute Nachricht ist, dass Sie einige Ihrer neuen Kommunikationsfähigkeiten täglich üben können. Sie können in den kleinen Sitzungen üben, die Sie jeden Tag mit Ihrem Partner machen, bei der Arbeit üben, mit Freunden üben, und vieles mehr. In vielen Fällen werden die Kommunikationsfähigkeiten, die Sie in anderen Bereichen Ihres Lebens anwenden, Ihnen auch dabei helfen, besser mit Ihrem Partner zu kommunizieren.

KAPITEL 1: WAS IST KOMMUNIKATION?

Kommunikation ist die Weitergabe oder der Austausch von Ideen, Meinungen oder Informationen durch Sprache, Schrift, Symbole und Zeichen.

Warum ist eine starke Kommunikation so wichtig? Worte allein können manche Menschen glücklich, traurig, froh und wütend machen. Sie können andere anziehen oder abstoßen, inspirieren oder sozialisieren. Worte sind die häufigste Form der Kommunikation. Aber es gibt auch den geschriebenen Satz, Aufzeichnungen, Briefe, Symbole, Diagramme und Bilder - um nur einige zu nennen. Ein kluger Mensch hat einmal gesagt, "ein Bild sagt mehr als 1000 Worte".

Kommunikation ist ein wesentliches Element für gute menschliche Beziehungen. Erfolgreiche Kommunikation ist die Kunst, andere zu kennen, und dass andere uns kennen. Damit der Einzelne seine Ziele erreichen kann, muss er in vielen Fällen durch und mit anderen arbeiten. Dabei müssen wir Ideen, Meinungen, Weisheiten usw. austauschen.

Es gibt noch weitere Möglichkeiten der Kommunikation, wie Mimik, Gestik, Tonfall, usw. Damit Kommunikation funktioniert, muss sie in zwei Richtungen erfolgen. Die Nachricht wird von einer Person ausgesandt und von einer anderen Person entgegengenommen, die dann eine Nachricht zurücksendet. Zwei-Wege-Kommunikation ist immer erfolgreicher als eine einmalige, diktatorische Strategie.

Ziele einer wirksamen Kommunikation

Wenn wir etwas mitteilen, erwarten wir, dass etwas geschieht. Es gibt einige Gründe, warum Menschen die Fähigkeit entwickelt haben, mit anderen Menschen zu kommunizieren: um Ratschläge zu geben und zu erhalten; um zum Nachdenken anzuregen; um zu diskutieren und zu überzeugen; um ein besseres Verständnis zu fördern; um Vorschläge zu machen und Anweisungen zu geben,

Was sind ineffektive Kommunikationen?

Wenn die Botschaft nicht angemessen präsentiert wird, wird das, was wir unseren Empfängern mitteilen wollen, nicht bekannt. Ineffektive Kommunikation kann zu Problemen führen, wie z. B. dass unzureichende Informationen gegeben werden oder die Informationen falsch sind; dass Informationen zu schnell gegeben werden; dass der Zuhörer annimmt, dass er den gegebenen Ratschlag kennt; dass der Zuhörer voreilige Schlüsse zieht; dass der Sprecher annimmt, dass der Sprecher wusste, was gesagt wurde; dass der Zuhörer eine vage Botschaft interpretiert; dass die Bedeutung nicht explizit oder genau ist; dass die Zuhörer nicht zuhören; dass die Leute Angst haben, Fragen zu stellen; dass Charakterunterschiede erwähnt werden; dass der Sprecher sich in Definitionen und Richtungen verheddert.

Fähigkeiten, um ein besserer Kommunikator zu werden

Um ein besserer Kommunikator zu werden, müssen Sie einige der folgenden Techniken und Fähigkeiten entwickeln:

*   Machen Sie sich Notizen, um vorbereitet zu sein;
*   Plan;
*   Befehle oder Anweisungen im Detail geben;
*   Um sicher zu sein, dass Sie anerkannt werden, stellen Sie Fragen an den/die Zuhörer;

- Verlangsamen Sie Ihren Vortrag und nehmen Sie sich die Zeit, gegebenenfalls visuelle Hilfsmittel einzusetzen;
- Setzen Sie Ihre Stimme viel besser ein, verwenden Sie Komplimente, Modulation und Betonung;
- Bietet einen schnellen Überblick über die behandelten Themen;
- Überblick & Rekapitulation;
- Seien Sie wählerisch;
- Stellen Sie Fragen.

Warum erinnern wir uns so offensichtlich an Schlüsselwörter und Phrasen, die von guten Kommunikatoren verwendet werden? Einer von vielen Gründen ist genau das, was sie sagten, die Art und Weise, wie sie es sagten, und was es für die Menschen bedeutete, als wir es wahrnahmen. Das Gleiche könnte für Sie gelten, wenn Sie die Fähigkeiten und Methoden erfolgreicher Kommunikation kennen gelernt haben. Ja, das erfordert Training. Ob Sie nun mit einem oder mit 100 Menschen sprechen, die Techniken und Fähigkeiten sind dieselben.

Starke Kommunikation in drei einfachen Schritten

Sind Sie schon einmal jemandem begegnet, der so effizient und mühelos kommunizieren kann, dass es scheint, als sei ihm eine besondere Fähigkeit in die Wiege gelegt worden? Das Fantastische daran ist, dass diese Menschen zwar hervorragende Kommunikatoren sein können, ihnen diese Fähigkeit aber nicht in die Wiege gelegt wurde, sondern sie haben sie entdeckt - und Sie werden sie auch lernen.

Die Wahrheit ist, dass zwar einige Menschen heute schon früh im Leben lernen, wie man effektiv kommuniziert, aber niemand wird mit einem Vorteil gegenüber anderen geboren, was die Fähigkeit angeht, seine Gedanken effektiv zu kommunizieren. Dies bedeutet, dass Sie mit etwas Übung und Studium bald lernen werden, wie Sie sowohl mit Gruppen als auch mit Einzelpersonen effizienter kommunizieren können.

Hier sind drei Ansätze, die Ihnen helfen können, sowohl im Geschäfts- als auch im Privatleben schnell und effizient zu kommunizieren.

Übernehmen Sie die Verantwortung für die Effektivität Ihrer Kommunikation

Sollten Sie nicht verstehen, was ich sage, wenn Sie diesen Leitfaden lesen, dann ist es meine Schuld, dass ich ihn nicht geschrieben habe, werden Sie vielleicht denken. Wenn ein Mann oder eine Gruppe die Botschaft, die Sie zu vermitteln versuchen, nicht versteht, müssen Sie die Verantwortung dafür übernehmen, dass Ihre Gedanken nicht zu ihnen durchdringen.

Nachdem Sie die Verantwortung für die Folgen der Kommunikation übernommen haben, sind Sie selbst für Ihren Erfolg oder Misserfolg verantwortlich. Sie bietet Ihnen die Möglichkeit, Ihre Botschaft so zu ändern, dass sie Ihr Zielpublikum in einer Weise erreicht, die es verstehen kann.

Wenn Sie sich fragen, warum "sie es nicht kapieren", dann liegt das daran, dass Sie es nicht in einer Art und Weise vermitteln, die sie leicht verstehen können, und es liegt an Ihnen als Kommunikator, dies zu ändern. Nehmen Sie sich noch heute vor, Ihr eigenes Vorgehen zu überprüfen und die Kommunikationsstrategien anderer zu erforschen und umzusetzen.

Nutzen Sie die unterbewussten Gedanken zu Ihrem Vorteil

Erfahrene Kommunikatoren wissen, dass Worte nur einen kleinen Teil der Botschaft ausmachen, und nutzen alle verfügbaren Möglichkeiten, um ihre Botschaft zu vermitteln. Eine bahnbrechende Studie von Albert Mehrabian zeigt, dass in der menschlichen Kommunikation nur 7 % des Materials in den verwendeten Worten enthalten sind. Im Gegensatz dazu werden 38 Prozent des Materials durch die Stimmlage und 55 Prozent durch die Körpersprache übermittelt.

Eine schnelle Möglichkeit, die Effektivität Ihrer Kommunikation zu verbessern, besteht darin, so viel Aufmerksamkeit wie möglich auf den Tonfall und die Strukturen der Worte zu richten, die Sie verwenden. Beginnen Sie damit, dass Sie auf den Tonfall und die Physiologie Ihres Gegenübers achten, wenn dieser mit Ihnen spricht. Ihr Unterbewusstsein wird diese Beobachtungen nutzen, um den nonverbalen Teil Ihrer Kommunikation zügig zu verbessern.

Wenn etwas nicht funktioniert, seien Sie flexibel

Vor Jahren hatte ich einen Chef, dessen Spitzname "Mac" war und dessen wichtigste Kommunikationsmethode das Schreien war. Wenn man die Botschaft nicht verstanden hatte, schrie er nur noch lauter, um seine Botschaft zu vermitteln.

Schließlich gab das Opfer seiner Wut nach, da er der Chef war, aber es gab keine wirkliche Kommunikation. Er zwang uns nur seinen Willen auf, und die Menschen kehrten zu ihrem früheren Verhalten zurück, wenn die Panik nachließ. Bedauerlicherweise war Mac jemand, der immer wieder dasselbe ineffektive Verhalten an den Tag legte, aber nie merkte, dass es nicht funktionierte.

Um ein effektiver Kommunikator zu sein, sollten Sie aufmerksam beobachten, ob Ihre Botschaft ankommt und den gewünschten Effekt hat. Wenn dies nicht der Fall ist, lesen Sie weiter und ändern Sie die Art und Weise, wie Sie Ihre Botschaften übermitteln.

Alle diese drei Tipps sind schnell und einfach sofort umsetzbar. Beginnen Sie mit der Übernahme von Verantwortung und verbessern Sie anschließend den unterbewussten Teil Ihrer Kommunikation, indem Sie die Wirksamkeit dessen, was Sie tun, sorgfältig beobachten.

Hindernisse für eine erfolgreiche Kommunikation - und wie man sie überwindet

So vielschichtig wie die Kommunikation selbst sind auch die Hindernisse für eine erfolgreiche Kommunikation. Sie können psychologischer oder physischer, individueller oder gesellschaftlicher Natur sein.

Manche Menschen haben Probleme mit der Kommunikation, die dann eher zum Schlechten als zum Guten führen. Wenn Sie zwei Personen mit ausgezeichneten Kommunikationsfähigkeiten haben, dann kann der Dialog oder die Verbindung zwischen ihnen gleichermaßen kraftvoll, angenehm und schön sein. In dem Moment jedoch, in dem man einen ausgezeichneten Kommunikator mit einem lausigen zusammenbringt, errichtet man Hindernisse für eine erfolgreiche Kommunikation.

Einige der Hindernisse hängen mit der individuellen Einstellung zusammen. Manchmal ist dies das Ergebnis einer Rebellion gegen minderwertige Kommunikation, die aus dem Arbeitsumfeld, von den Eltern zu Hause oder sogar vom Partner oder von Freunden an anderen privaten Orten kommt.

Manche Menschen haben vielleicht emotionale Probleme, die auf ihr privates Wohlbefinden oder ihre Probleme zurückzuführen sind. Kommunikationsbarrieren können in Form von sprachlichen Missverständnissen aufgrund kultureller Unterschiede usw. auftreten, oder es handelt sich um sprachliche Probleme mit seltenen oder komplizierten Wörtern. Oder sie haben eine Persönlichkeit, die wesentlich dazu beiträgt, Hindernisse für eine erfolgreiche Kommunikation zu schaffen.

Diese können im privaten, sozialen, gesellschaftlichen, organisatorischen Umfeld usw. entdeckt werden und bilden eine Fülle von Hindernissen für eine erfolgreiche Kommunikation, die man nur durch Training und Lernen vermeiden kann.

Einige der Probleme können auf mangelndes Einfühlungsvermögen des Absenders oder des Empfängers zurückzuführen sein, oder auf einen Mangel an grundlegenden Kommunikationsfähigkeiten, oder sogar auf mangelndes Verständnis für ein Thema, das jemand vielleicht zu stolz ist, um es zuzugeben.

Weitere Kommunikationsprobleme können durch psychische Instabilitäten wie Wut, Feindseligkeit, Groll, Ängste und Stimmungsschwankungen verursacht werden. All dies schafft Konflikte und Hindernisse für eine erfolgreiche Kommunikation. Wie Sie sehen, ist die Liste der Themen nicht begrenzt.

Die gute Nachricht ist jedoch, dass man etwas tun kann, um die meisten dieser Hindernisse zu überwinden. Wir können unsere Kommunikationsfähigkeiten verbessern, unabhängig davon, auf welcher Ebene wir uns befinden.

Die Hindernisse, die einer erfolgreichen Kommunikation entgegenstehen, könnten die Probleme einer erfolgreichen Kommunikation vorhersagen. Wir müssen uns also fragen: Was sind die Probleme, die ich in der Kommunikation mit anderen Personen entdecke? Wenn wir die Probleme aufzeichnen, ist es wichtig zu erkennen, zu welcher Seite dieser Probleme wir gehören. Sie könnten ein Problem haben, mit jemandem bei der Arbeit zu kommunizieren, weil er/sie nicht kommunizieren kann.

Kommunikation ist eine zweiseitige Angelegenheit. Wenn Sie der Einzige sind, der kommuniziert, wird es ziemlich schwierig sein, die Probleme zu lösen. Was genau tun Sie dann? Schicken Sie die Person zu einem Kommunikationsprogramm? Ihm beibringen, wie man jedes Mal, wenn es ein Missverständnis, einen Streit oder gar keine Kommunikation gibt, vermitteln kann? Sie sind vielleicht nicht sehr empfänglich für diesen Gedanken.

Gelegentlich ist das Einzige, was wir in diesen Fällen tun können, abzutun, Verständnis zu zeigen, zu verzeihen und daran zu arbeiten. Aber bei den Schwierigkeiten oder Hindernissen für eine erfolgreiche Kommunikation, die direkt auf uns zukommen, sollten wir damit beginnen, durch Kurse und Konferenzen, das Lesen von Büchern usw. daran zu arbeiten. Das nächste wichtige Element wäre, das Gelernte in die Praxis umzusetzen - ein einziges Problem oder Hindernis zur gleichen Zeit.

Jeder scheint den Wert der Kommunikation in Organisationen zu verstehen. Wie kommt es also, dass eine effektive Kommunikation nach wie vor zu den größten Herausforderungen für Unternehmen gehört? Ich habe schon viele gut gemeinte Kommunikationsprogramme gesehen, die nie zu Ende geführt werden, die ihre Aufgabe nicht erfüllen oder die im Sande verlaufen und sterben.

Die gute Nachricht ist, dass eine wirksame Kommunikation möglich ist! Es erfordert zwar Führungsqualitäten, die Annahme durch die Mitarbeiter auf allen Ebenen und ständige Kontrollen und Änderungen, aber es kann erreicht werden. Dieser Bericht beschreibt verschiedene Arten von ineffektiver Kommunikation, Maßnahmen zur Schaffung eines besseren Kommunikationsflusses und Vorschläge zur Entwicklung eines Kommunikationsprogramms.

KAPITEL 2: DIE BEDEUTUNG DER KOMMUNIKATION IN DER PAARBEZIEHUNG

Sie müssen beide an einem guten Kontakt in Ihrer Partnerschaft interessiert sein. Dazu ist es notwendig, dass Sie sich wirklich dafür interessieren, was Ihr Partner sagt, und entsprechend darauf reagieren. Sie sollten auch Ihre Gefühle offen zeigen, um die Beziehung zu stärken. Lassen Sie ihn wissen, was mit Ihnen los ist, das fördert eine tiefere Verbindung und eine bessere Beziehung. Dennoch ist diese Beziehung kein statisches Objekt. Sie durchläuft ihre Höhen und Tiefen in den verschiedenen Phasen. Welches sind diese Phasen? Schauen wir sie uns einmal an.

Die sechs (6) Stadien einer Beziehung

Nach Tony Robbins, einem Lebens- und Organisationsstrategen, sind die sechs (6) Phasen einer Partnerschaft klar definiert.

1. Liebe und Leidenschaft

Dies ist der Schritt, bei dem Sie nur noch an Ihren Partner denken. Die Chemie zwischen Ihnen stimmt, und Sie sind am Erfolg Ihres Partners interessiert.

2. Nicht genug Romantik

Sie beide lieben sich, aber Sie spüren eine tiefe innere Leere. Sie wünschen sich, dass Ihr Partner diese Leere füllen kann, aber er kann es nicht.

3. Die Beziehung der Bequemlichkeit

In der dritten Phase hat sich die romantische Dimension mit dem Fortschreiten der Beziehung verflüchtigt. Nicht so viel Hingabe, nicht so viel Leidenschaft. Sie können sich jedoch nicht trennen, weil Sie andere Bindungen haben, die Sie daran hindern, dies zu tun. Sie leben mit der Familie zusammen (wenn Sie Kinder haben) oder weil es zu schwierig ist, sich von den gegenseitigen finanziellen Verpflichtungen und Verantwortlichkeiten zu befreien. "Sie können mit Ihrem Partner zusammenleben, und Sie können glücklich sein, aber es gibt keine tiefe emotionale Bindung.

4. Planen Sie Ihre Flucht

In Stufe 4 bringt Ihnen die Beziehung keine Freude. In Wirklichkeit denken Sie immer noch daran, wie schön das Leben wäre, wenn Sie nicht mit Ihrem derzeitigen Partner zusammen wären.

5. Sie haben eine Beziehung, wollen aber nicht in einer Beziehung sein

In der fünften Phase möchten Sie mit jemandem kommunizieren. Trotz der Erfolge Ihres bisherigen Partners hoffen Sie immer noch, die richtige Person zu finden, um die Beziehung zu vervollständigen.

6. Sie sind nicht in einer Beziehung, und Sie wollen auch nicht in einer sein

Du hast jetzt keine Beziehungen mehr. Du willst niemanden mehr an dich heranlassen. Sie haben eine schlechte Erfahrung gemacht und wollen sie nicht ruinieren. Welche Stufe fühlen Sie im Moment? Schreiben Sie es auf. Schreiben Sie es auf. Einfühlungsvermögen ist der erste Schritt zu jeder positiven Veränderung.

Die sechs (6) menschlichen Bedürfnisse in der Beziehung/Ehe

Hier ist eine Aufschlüsselung der sechs menschlichen Bedürfnisse:

1. **Gewissheit:** Sie müssen dafür sorgen, dass Sie entspannt sind, d. h., dass Sie in Ihrer Beziehung schmerzfrei genießen können. Für manche Menschen, insbesondere für diejenigen, die sich nach Spontaneität sehnen, kann es jedoch eintönig und langweilig sein, dafür zu sorgen, dass alles perfekt ist.

2. **Abwechslung:** Es ist das Bedürfnis nach Abwechslung und nach "Würze", um die Dinge in der Beziehung spannend zu halten. Sie wollen Aufgaben, die Ihren emotionalen und körperlichen Spielraum ausfüllen.

3. **Bedeutsamkeit:** Es ist ein gutes Gefühl, zu wissen, dass man wichtig, besonders, notwendig und erwünscht ist.

4. **Liebe/Bindung: Das ist** das Bedürfnis nach einer tiefen Verbindung mit einem anderen Menschen und einem Gefühl der wahren Zugehörigkeit.

5. **Wachstum:** "Wenn wir aufhören zu wachsen, sterben wir", heißt es. Es ist wichtig, in jeder Facette des Lebens - geistig, emotional und intellektuell - weiter zu wachsen.

6. **Beitrag:** Das ist die Fähigkeit, über die eigenen Bedürfnisse hinauszugehen. Wie Tony Robbins sagt: "Alle Dinge in der Welt nützen oder werden außerhalb ihrer selbst zerstört." Egal, ob es sich um Zeit, Geld oder Energie handelt (oder um alle drei), alles ist es wert und gibt Ihnen das Gefühl, ein ganzer Mensch zu sein. Welche dieser sechs menschlichen Bedürfnisse sind Ihre erste und zweite Motivation? Wie ist Ihr Partner? Probleme entstehen, wenn wir in unserer Beziehung die primären und sekundären Bedürfnisse des jeweils anderen nicht erfüllen. Da Sie nun die Phasen und menschlichen Bedürfnisse in einer Beziehung kennen, hoffe ich, dass Sie herausgefunden haben, wo die Partnerschaften und Interessen (und Partner) in das Schema passen.

Warum Paare sich streiten

Es gibt viele Gründe, warum sich Paare streiten, sei es wegen Differenzen, Schwiegereltern, der Qualität der gemeinsam verbrachten Zeit oder Eifersucht. Es gibt jedoch drei Hauptgründe, die jede Beziehung in die Bredouille bringen. Schauen wir uns diese an.

1. **Sex:** Bei dieser Art von Intimität kommt es in der Regel irgendwann zu einer Unterbrechung der Verbindung. Vielleicht ist Ihr Partner im Schlafzimmer nicht so offen wie Sie oder umgekehrt. Vielleicht bekommen Sie auch nicht das, was Sie glauben, zu verdienen.

2. **Geld:** Auch Paare streiten um Geld. Ihre Gewohnheiten entsprechen vielleicht nicht denen Ihres Partners. Eine solche Diskrepanz führt auch zu enormen Meinungsverschiedenheiten, die sogar die Beziehung beenden können.

3. **Kinder:** Kinder sind ein weiteres wichtiges Thema, das Paare entzweit - insbesondere der bevorzugte Erziehungsstil. Sie sind vielleicht ein strenger Erziehungsstil, aber Ihr Partner ist eher entspannt. Wenn sich die Kinder zu dem nachsichtigen Elternteil hingezogen fühlen, ist der strengere Elternteil es vielleicht leid, der "Bösewicht" zu sein. Das kann dann zu Unstimmigkeiten und dem Gefühl führen, ausgeschlossen oder unerträglich zu sein. Noch bevor die Kleinen geboren sind, wird es zu Streitigkeiten kommen. Sie möchten vielleicht, dass Ihr Kind den Namen Ihrer Oma trägt, aber Ihr Partner möchte lieber "North West", wie es ein bestimmtes Prominentenpaar getan hat. Auch wenn Sie keine Eltern sind, haben Sie vielleicht unterschiedliche Meinungen darüber, ob Sie beide Kinder haben wollen oder nicht, welches

religiöse oder soziale System sie lernen sollen oder wie sie erzogen werden sollen. All diese Fragen müssen so bald wie möglich beantwortet werden.

Wie Kommunikation in einer Beziehung funktioniert

Viele, die sich in einer schwierigen Beziehung befinden, sagen: "Wir reden nicht mehr miteinander". Damit meinen sie wahrscheinlich, dass sie nicht mehr effektiv kommunizieren. Die Wahrheit ist, dass Menschen immer noch miteinander in Verbindung stehen. Manchmal interagieren zwei Menschen, die sich in Ruhe behandeln, miteinander.

- Emotionen
- Berühren Sie
- Mündliche oder schriftliche Kommunikation
- Kontext der Situation
- Nonverbaler körperlicher Ausdruck (Gesichtsausdruck, Mimik, Gestik, Verhalten, usw.)

Es ist leicht, sich nur auf Worte zu konzentrieren, aber nur ein Bruchteil der Informationen wird weitergegeben.

KAPITEL 3: DAS PROBLEM: EGO IN EINER BEZIEHUNG

Das Ego ist das Gefährlichste in Beziehungen; schalten Sie Ihr Ego aus, um eine neutrale Sichtweise zu erhalten.

Der Begriff Ego bezieht sich darauf, dass ein Partner in einer Beziehung das Gefühl hat, dass er Anspruch darauf hat, die Dinge auf seine Weise zu regeln. Menschen entwickeln ein Ego, weil sie denken, dass sie anderen überlegen sind. Wenn Sie in einer Liebesbeziehung Ihr Ego anstelle Ihres Geistes wichtige Entscheidungen treffen lassen, führt dies zu Manipulation als Mittel, um Liebe zu geben und zu empfangen. Das liegt daran, dass das Ego keine Beziehungsfähigkeiten hat. Wann immer Sie versuchen, sich selbst zu schützen, greift das Ego zu Streit, Sarkasmus, Depression, Aggression, Intoleranz, Schuldzuweisungen, Groll, Misstrauen, Frustration, unhöflichen Gesten und Selbstzweifeln.

Entscheidungen, die wir aus unserem Ego heraus treffen, sind am Ende das wahre Hindernis für unsere Beziehung und unser Liebesleben. Das wiederum endet in Ego-Kämpfen statt in einer engagierten Beziehung zwischen zwei Menschen.

Für die natürliche Liebe in einer Beziehung braucht es keine Manipulation, um Liebe zu empfangen oder zu geben. Der eigene Geist liebt, und er ist in der Lage, ohne Bedingungen oder Erwartungen zu lieben. Unser Geist nutzt auch die Beziehungsfähigkeiten der Weisheit, der Akzeptanz, der Vergebung, der Entschuldigung, der Kreativität, der Verantwortung, des Verständnisses und der Unterscheidungskraft.

Anzeichen von Egoismus in einer Beziehung

- **Sich selbst verlieren:** Dies geschieht, wenn man seine Wünsche, Hobbys, Werte und manchmal sogar seine Familie und Freunde aufgibt, um einem anderen Menschen zu gefallen. Indem wir das tun, erlauben wir dem Ego, Liebe zu bekommen. Man könnte meinen, dass man nur dann Liebe von einer anderen Person bekommt, wenn man sich selbst in etwas verwandelt, das die andere Person haben möchte; das ist die Funktionsweise des Egos. Je mehr Sie vorgeben, etwas zu sein, was Sie nicht sind, desto weniger werden Sie sich geliebt fühlen. So wird die Anerkennung zum einzigen Hindernis für den Erhalt der Liebe.

- **Ständiges Urteilen und Kritisieren:** Wenn Sie aus Ihrem Ego heraus handeln, denken Sie vielleicht, dass Sie jemanden am besten lieben können, indem Sie ihn verändern. Liebe wird zu einem Bedürfnis nach Kontrolle.

- **Ein Partner, der immer Recht haben muss:** Wenn jemand zulässt, dass sein Ego seine Gefühle kontrolliert und der Liebe im Wege steht, wird diese Person immer sich selbst wählen, und sie wird immer das Bedürfnis haben, mehr Recht zu haben als alle anderen, sogar ihr Partner.

- **Ein Partner, der immer die Kontrolle haben will:** Dies ist der Fall, wenn ein Partner das Bedürfnis hat, die Kontrolle über den anderen Partner zu übernehmen. Es kann dazu führen, dass Sie Ihre eigenen Bedürfnisse über die Bedürfnisse der anderen Person stellen. Dadurch kann ein Partner entscheiden, was und wie er glaubt, dass die Dinge über die Liebe gestellt werden sollten.

• **Den Partner mitten in einem Gespräch zum Schweigen bringen:** Wenn man seinem Ego die Kontrolle über sich selbst überlässt, respektiert man die Meinungen oder Ansichten der anderen Person nicht. Das Ego führt dazu, dass Sie das Bedürfnis haben, die Meinung Ihres Partners zu unterdrücken, vor allem, wenn er eine andere Meinung als Sie vertritt. Dies ist die schlimmste Form der Intoleranz in einer festen Beziehung.

• **Ein Partner wird sich weigern, über bestimmte Themen im Leben zu sprechen:** Ein Partner mit einem starken Ego wird dazu neigen, Diskussionen über Themen, die er nicht möchte, zu vermeiden. Die Notwendigkeit für einen Partner, zu entscheiden, was akzeptabel ist und was nicht, ist ein Akt eines Partners; dies sollte nicht der Fall sein, weil das Konzept von zwei als Paar, nicht eins.

• **Ein Partner wird sich weigern oder sich zurückhalten, um ein Missverständnis zu lösen**: Menschen mit einem starken Ego neigen dazu, in einem Streit lange Zeit wütend zu bleiben, was sie überhaupt nicht stört. Sie halten es nicht für wichtig, die Angelegenheit so schnell wie möglich zu lösen. Ein extremes Ego neigt dazu, eine Entscheidung zu treffen, die gegen die Wünsche der Person, die es liebt, gerichtet ist.

Wie das Ego eine Beziehung zerstören kann

Eine der größten Herausforderungen in unseren Beziehungen ist, dass die meisten Menschen eine Beziehung eingehen, um etwas zu bekommen, was sie sich wünschen. Diese Art von Menschen neigt dazu, jemanden zu finden, der ihnen das Gefühl gibt, dass es ihnen gut geht, je nach ihren Wünschen. Natürlich ist eine Beziehung ein Ort, an dem man gibt, nicht ein Ort, an dem man nimmt.

Sie sollten andere akzeptieren und ihnen Bedeutung beimessen, anstatt zuzulassen, dass Ihr Ego Sie auffrisst und Sie die Bedeutung des anderen Partners in einer Beziehung ignorieren. Jeder Mensch ist anders, und so sind auch die Meinungen unterschiedlich. Es ist nicht leicht, die Meinung des anderen zu akzeptieren oder einen Kompromiss zu schließen. Wenn man das in einer Beziehung nicht tut, ist das das Ende einer Beziehung. Selbstachtung ist für alle ideal, wenn man seinem Partner Wertschätzung entgegenbringt, sich um ihn kümmert und ihm die nötige Zuneigung entgegenbringt. Die Einstellung ist ein Faktor, der bei der Lösung eines Problems in einer schädlichen Beziehung helfen kann.

Der wichtigste Teil der Interaktion ist die Fähigkeit, sich zuerst die Ansichten des anderen anzuhören, bevor man reagiert. Wenn ein Partner während einer Interaktion von seinem Ego erfüllt ist, wird es ihm schwerfallen, dem anderen zuzuhören, weil er sich durch sein Ego dem Partner überlegen fühlt.

Das eigene Ego kann ein Gespräch mit dem Ehepartner ruinieren

In den meisten Fällen lassen die Menschen ihren Stolz in ein Gespräch einfließen. Man denkt vielleicht, dass man zu klug ist, um der anderen Person überhaupt zuzuhören. Wir denken vielleicht auch, dass wir besser sind als die andere Person und nichts mehr von ihr zu lernen haben. Wenn Sie sich davor verschließen, anderen Menschen zuzuhören, sind Sie dem Untergang geweiht, weil Sie nicht mehr lernen. Es kostet Sie nichts, einfach nur zuzuhören; Sie müssen nicht mit allem, was gesagt wird, einverstanden sein.

Anzeichen dafür, dass das Ego Ihre Beziehung kaputt macht

- **Andere sind besser als Sie:** Fragen Sie sich, ob Sie in Ihrer Beziehung die Opferkarte ausspielen? Vergleichen Sie sich mit Ihrem Partner? Setzen Sie sich selbst herab, um einen Aufstieg zu erreichen? Sie werden feststellen, dass Ihr Ego immer wieder negative Verstärkung erfährt, anstatt positive Verstärkung. Wenn Sie die oben genannten Gewohnheiten haben, müssen Sie einen Schritt zurücktreten und Ihre Beziehung überdenken.

- **Eifersucht:** Dies ist ein Monster, das in einer Beziehung die größte Plattform für ein Drama bietet. Das Ego gedeiht gut in einem Mangel an Selbstakzeptanz und Selbstwert. Wenn Sie zulassen, dass die Eifersucht Ihre Beziehung verschlingt, erlauben Sie der Eifersucht, die höchste Form von toxischer Energie in Ihrer Beziehung zu erzeugen. Wenn Sie in einer missbräuchlichen Beziehung sind, wird das Ego Sie dazu bringen, diese Beziehung durch Eifersucht aufrechtzuerhalten. Wenn Ihr Partner Sie dazu bringt, die Beziehung in Frage zu stellen, müssen Sie die rote Fahne hissen, um einen Schritt zurückzutreten und aufrichtig mit der Art der missbräuchlichen Beziehung zu sein, in der Sie sich befinden.

- Die **Angst vor Ablehnung:** Diese Art von Angst führt dazu, dass Sie kein Ziel erreichen, das Sie sich gesetzt haben, und damit tun Sie Ihrer Beziehung Unrecht. Denken Sie daran, dass Ihr Ego gedeiht, wenn Sie negative Selbstgespräche führen. Eine intime Beziehung baut auf gegenseitiger Akzeptanz und Bewunderung auf. Wenn Sie sich von Ihrem Partner zurückgewiesen fühlen, dann ist es an der Zeit, Ihr Engagement für Ihren Partner zu hinterfragen.

- **Das Gefühl, das letzte Wort haben zu müssen:** Alles in einer Beziehung zu einem Ein-Personen-Stück zu machen, ist eine Ursache für das Ego in einer Beziehung. Wenn Sie feststellen, dass Sie und Ihr Partner exzessive Diskussionen führen, ohne nach dem anderen zu fragen, dann bedeutet das, dass Sie in einer ego-getriebenen Beziehung leben. Das Ego spielt eine entscheidende Rolle dabei, dass Sie nicht vollkommenes Glück und Frieden erreichen. Das Ego schafft auch ein Szenario, das es von Natur aus nicht gibt; wenn Sie zum Beispiel feststellen, dass Sie bei allem immer das letzte Wort haben, ist es an der Zeit, einen Schritt zurückzutreten und die Ursache dafür zu finden.

- **Ständige Schuldzuweisungen:** Das passiert, wenn Sie Ihrem Partner ständig die Schuld für alles geben. Sie müssen wissen, dass es in einer Beziehung um zwei Menschen geht und nicht um eine Person. Unser Ego in einer Beziehung verursacht dies. Das Ego kontrolliert Ihre Beziehung und benutzt Manipulation, damit sie funktioniert. Das Ego liebt es, zu kritisieren und zu beschuldigen. Wenn jemand nicht die Verantwortung für seine Handlungen in einer Beziehung übernimmt, wird das Ego dies nutzen, um auf eine andere negative Situation zu projizieren.

KAPITEL 4: MENSCHEN KOMMUNIZIEREN UNTERSCHIEDLICH

Im Klartext bedeutet Validierung in Beziehungen, die Gedanken, Gefühle, Empfindungen und Verhaltensweisen des Partners als verständlich anzuerkennen und zu akzeptieren. Es bedeutet jedoch nicht, dass man zustimmt oder es gutheißt. Wenn Paare in bestimmten Fragen unterschiedlicher Meinung sind, bedeutet Validierung, dass die Beziehung trotzdem wichtig und solide ist.

Validierung und Invalidierung

Validierung ist eine Kommunikationsfähigkeit. Diese Kommunikationsfähigkeit wird auf viele verschiedene Arten genutzt, um eine sichere Verbindung aufzubauen und somit die Verbindung zwischen den Beteiligten zu optimieren. Validierung ist eine Form des Verstehens und des Teilens der Erfahrungen des Partners, vor allem der unangenehmen Erfahrungen. Ein offenes Ohr zu haben und zu helfen, die Last von den Schultern zu nehmen, ist alles, was es braucht. Es ist eine reine Fähigkeit, die Sie Ihrem Partner zur Verfügung stellen, indem Sie einfach anwesend sind und ein offenes Ohr haben. Sie müssen das, was er oder sie sagt, weder gutheißen noch missbilligen, sondern einfach nur zuhören. Bei der Validierung geht es nicht darum, Gefühle oder Gedanken abzulehnen, sondern zu akzeptieren und zu würdigen, dass es in jedem Szenario immer mehr als eine Seite der Geschichte gibt.

In der heutigen Zeit, in der soziale Medien für die Menschen unverzichtbar sind, gibt es nichts Befriedigenderes als das Gefühl der Beliebtheit und Akzeptanz. Die sozialen Medien veranlassen die Menschen dazu, sich selbst zu verbessern oder zu verändern, um den allgemeinen Erwartungen anderer Menschen zu entsprechen, doch das scheint nicht richtig zu sein. Wenn es einem an Selbstwertgefühl, Selbstachtung und Selbstmotivation mangelt, ist das ein klares Zeichen von Verzweiflung. Von anderen Menschen anerkannt zu werden, ist gut, aber zuerst muss man sich selbst bestätigen, um eine sinnvolle Bestätigung zu erhalten. Wenn Sie sich selbst bestätigen, stärken Sie Ihr Selbstvertrauen und Ihr Selbstwertgefühl, so dass es für andere leichter wird, Sie zu bestätigen.

In einer Beziehung ist die Validierung von entscheidender Bedeutung, denn wenn Sie etwas an Ihrem Partner bemerken, das andere Menschen nur selten sehen, entsteht ein Gefühl der Verbundenheit. Ihr Partner empfindet eine starke Zuneigung zu Ihnen, weil er spürt, dass Sie ihn viel besser verstehen, als andere ihn wahrnehmen - ein großartiges Gefühl, nicht allein zu sein, entsteht durch diese reine Fähigkeit der Validierung. Als Paar sind Sie beide aufeinander angewiesen, um sich selbst aufbauen zu können, was durch Validierung erreicht werden kann. Validierung trägt dazu bei, eine Beziehung zu stärken, denn wenn Sie jemanden validieren, erhalten Sie eine zusätzliche Aufmerksamkeit, die es Ihnen ermöglicht, Ihren Partner besser zu verstehen und Sie einander näher zu bringen. Validierung wird riskant, wenn Sie die Komplimente Ihres Partners blindlings annehmen oder wenn Ihr Partner Ihnen Komplimente macht, damit Sie sich freuen können, obwohl es keine echten Komplimente sind. Validierung sollte nicht so weit gehen, dass Sie versuchen, Ihren Partner zu zwingen, dem, was Sie sagen, zuzustimmen oder es zu akzeptieren, denn damit zwingen Sie Ihren Partner lediglich dazu, zu lügen, was für jede Beziehung ungesund ist.

Ungültigkeitserklärung

Unter Abwertung versteht man die Verleugnung, Ablehnung oder Zurückweisung der Gefühle, Gedanken und Erfahrungen des Partners oder einer anderen Person. Es ist eine der schlimmsten Formen des emotionalen Missbrauchs, die dem Empfänger das Gefühl geben kann, verrückt zu werden. Das Schlimmste an der Entwertung ist, dass sie unbeabsichtigt oder unbewusst erfolgen kann. Entwertung geschieht immer in guter Absicht, aber in gewissem Maße ist sie nicht sehr hilfreich. Wenn Sie Ihrem Partner eine entwertende Antwort geben, bagatellisieren Sie seine oder ihre Gefühle oder weisen sie ab. Eine Entwertung kann durch die Verwendung einfacher Texte erreicht werden. "Du schaffst das schon." "Es könnte schlimmer sein." "Setz einfach ein Lächeln auf und steh es durch." "Mach dir keine Sorgen. Alles wird gut."

Wenn Sie Ihrem Partner diese und viele andere Antworten geben, zeigt das, dass Sie ein irrationaler Mensch sind, der nicht mit dem fühlt oder sich nicht mit dem identifiziert, was Ihr Geliebter mitteilt. Wenn Sie solche Reaktionen geben, sollten Sie sich nicht einbilden, dass Sie Ihrem Partner geholfen haben, sondern wissen, dass dies das Mindeste ist, was er von Ihnen erwartet. Bitte ändern Sie Ihre Antworten in validierende Antworten, die einen positiven Einfluss auf Ihre Beziehung haben.

Mündliche Entwertung

Verbale Entkräftung geschieht auf unterschiedliche Weise:

Wenn man falsch interpretiert, was es bedeutet, jemandem nahe zu sein. Manchmal hat man das Gefühl, jemanden so gut zu kennen, dass man sogar erraten kann, wie es ihm geht, bevor er es einem sagt, was manchmal als Nähe missverstanden wird. Noch schlimmer ist es, wenn Sie jemandem erklären wollen, wie sich Ihr Partner fühlt, aber alles nur Vermutungen sind, weil Sie ihn nicht gefragt haben und er es Ihnen auch nicht gesagt hat.

Viele Menschen haben eine falsche Vorstellung davon, was Validierung ist. Sie haben das Gefühl, dass sie, wenn sie validieren, ja zu allem sagen, was passiert. Validierung bedeutet nicht, dass man zustimmt, und weil man seinem Partner zeigen möchte, dass man nicht zustimmt, entwertet man ihn letztendlich.

Es ist ein reiner Akt, dass jemand, der Sie liebt, alles tun will, damit Sie glücklich sind. In solchen Fällen wird diese Person sogar versuchen, Ihnen aus Ihren Gefühlen herauszuhelfen und Ihre Gedanken und Gefühle zu entkräften, um Sie glücklich zu machen. Ein gutes Beispiel ist, wenn Sie traurig sind und Ihr Partner Sie fragt, ob er Ihnen ein Eis besorgen kann, damit Sie sich aufmuntern können. Das ist ein guter Gedanke, aber wahrscheinlich ist Eiscreme nicht das, was Ihre Gefühle ausgleichen kann.

Eine Möglichkeit, Menschen, die sich um uns kümmern, zu erkennen und ihnen nahe zu sein, besteht darin, zu erkennen, dass sie das Beste für uns wollen. Jemand kann Ihnen anbieten, eine Arbeit für Sie zu erledigen, die Sie nicht tun können. Jemand anderes wird Ihnen raten, mit jemandem befreundet zu sein, der eine großartige Position innehat, obwohl Sie die Gesellschaft dieser Person nicht genießen. Wenn das passiert, ist das eine Form der emotionalen Entkräftung, denn es ist, als würden Ihre Gefühle unterdrückt werden.

Wenn Sie einen Partner haben, der Ihnen ständig die Schuld für alles gibt, was passiert, ist das entkräftend. Jemandem die Schuld zu geben bedeutet nicht, Verantwortung zu übernehmen; Ihr Partner fühlt sich dadurch nur nutzlos, weil er die Dinge nicht richtig gemacht hat. Das

Spiel mit den Schuldzuweisungen sucht nie nach einer Lösung, sondern nur nach jemandem, der die Schuld trägt und die Last der Schuld auf sich nimmt.

Das Letzte, was man in einer Beziehung tun sollte, ist, zu schweben. Schweben ist, wenn man versucht, die Gefühle, die einem unangenehm sind, so weit zu bereinigen, dass man falsche Antworten gibt, um nicht verletzlich zu sein. Der Akt des Schwebens kann so einfach sein, dass man sagt: "Kein Problem, ich kümmere mich darum", obwohl man genau weiß, dass man bereits mit anderen Dingen überfordert ist. Das Schweben ist eine Form der Selbstentwertung, weil Ihre Antwort oft den nächsten Schritt bestimmt.

Es gibt nichts Ärgerlicheres, als wenn jemand Sie für ungültig erklärt, indem er Ihnen bestätigt, dass Sie nicht fühlen, was Sie sagen. Es ist nicht sehr angenehm, bis Sie sich wünschen, dass diese Person in Ihre Situation kommen und ihre Gedanken oder Worte bestätigen könnte.

Bewusst oder unbewusst können Sie Ihren Partner durch Verharmlosung entwerten. Verharmlosung bedeutet, dass Sie die Situation betrachten und Ihrem Partner raten, sich nicht so sehr anzustrengen, weil es Zeitverschwendung ist. Die Verharmlosung geschieht in der Regel in guter Absicht, aber das Problem ist, dass sie die Bemühungen der anderen Person nicht anerkennt.

Urteilen ist eine Form der Entwertung, die sich als Spott äußert. Sie finden vielleicht jemanden, der weint, und nachdem Sie herausgefunden haben, warum er weint, beschließen Sie, sich über ihn lustig zu machen, anstatt sich um ihn zu kümmern. Der Sarkasmus kann so einfach sein wie die Aussage, dass die Tränen vergeblich sind, oder die Aufforderung, noch viel mehr zu weinen, damit man die Tränen trinken kann. So sehr Sie sich auch wünschen, dass Ihr Partner stark ist oder aufhört zu weinen, entlarven diese Aussagen Ihren Partner bereits als sehr schwachen Menschen oder als jemanden, der nicht vernünftig ist.

KAPITEL 5: VERBALE UND NONVERBALE KOMMUNIKATION

Nonverbale Kommunikation

In dieser Diskussion wird die nonverbale Kommunikation mit der Körpersprache gleichgesetzt. Beginnen wir mit der Mimik, die bestätigt, dass das menschliche Gesicht sehr ausdrucksstark ist und unzählige Emotionen vermittelt, ohne etwas zu äußern. Ein großartiger Aspekt der nonverbalen Kommunikation ist, dass sie weitgehend standardisiert ist, da der Gesichtsausdruck für Ärger, Freude und Angst in verschiedenen Kulturen ähnlich ist. Wie bei den meisten Aspekten der nonverbalen Kommunikation hat man wenig Kontrolle über den Ursprung und die Ausprägung des Gesichtsausdrucks, was ihn zu einem entscheidenden Aspekt bei der Bewertung der Ehrlichkeit der Kommunikation macht. Anhand des Gesichtsausdrucks können wir feststellen, wie sich jemand fühlt.

Angefangen bei der Körperbewegung und -haltung: Wie man steht, sitzt, den Kopf hält oder geht, beeinflusst, wie andere einen wahrnehmen. Die Körperhaltung verrät zum Beispiel viel über Ihre Aufmerksamkeit und Ihren Eifer, wenn Sie einer Rede zuhören. Die Körperhaltung verrät auch unseren emotionalen Zustand. Wenn jemand wütend ist, wirkt er oder sie wahrscheinlich nicht gefasst und wird wahrscheinlich lange aufrecht stehen oder sich lang machen. Wenn man hingegen aufgeregt ist, wechselt man wahrscheinlich häufiger die Haltung und die Bewegungen, als wenn man traurig ist. Sie haben sich bestimmt schon einmal sehr aufgeregt gefühlt; wahrscheinlich sind Sie schnell gelaufen, gesprungen, haben sich hingesetzt und sind häufig aufgestanden.

Gesten sind eine weitere Form der nonverbalen Kommunikation. Handgesten werden verwendet, um zu winken, zu winken, zu zeigen oder zu lenken. In den meisten Fällen erfolgen Handgesten ohne großes Eingreifen des bewussten Verstandes. Die Bedeutung der meisten Handgesten ist von Kultur zu Kultur unterschiedlich. Eine unschuldige Botschaft, die in einem Land durch eine Handgeste vermittelt wird, kann in einem anderen Land beleidigend sein. Man kann den emotionalen Zustand einer Person an ihren Handgesten ablesen, auch wenn sie das Gegenteil sagt. Wenn jemand zum Beispiel wütend ist, wirft er oder sie wahrscheinlich die Hände unkoordiniert in die Luft. In den meisten Fällen stehen Handgesten im Widerspruch zur verbalen Kommunikation, vor allem dann, wenn eine Person Gefühle zeigt und versucht, diese zu verbergen.

Auch der Blickkontakt ist ein wichtiger Aspekt der Körpersprache. Die Art und Weise, wie man eine andere Person bei der Kommunikation ansieht, zeigt Feindseligkeit, Zuneigung, Interesse und Vertrauen. Personen, die Schwierigkeiten haben, einen Blickkontakt herzustellen und aufrechtzuerhalten, gelten weitgehend als schüchtern. Wenn eine Person sich verlegen fühlt, wird sie wahrscheinlich keinen Blickkontakt herstellen und aufrechterhalten. Anhaltender Blickkontakt zu einer bestimmten Person oder Personengruppe ist ein starres Auge und deutet auf ein Urteil hin. Denken Sie daran, wie Ihr Lehrer Sie ansieht, wenn Sie sprechen, während andere schreiben. Längerer Augenkontakt wird mit Einschüchterung und Verurteilung assoziiert.

Berührung als Bestandteil der Körpersprache hat eine große Bedeutung und beeinflusst in einigen Fällen die Entwicklung eines Menschen. In den ersten Lebensjahren brauchen Kinder Berührungen, beruhigende Streicheleinheiten, damit sie sich sicher und geliebt fühlen. Psychologen können Bindungsprobleme vermuten, wenn ein Elternteil sein Kind nur ungern berührt und streichelt. Bei Erwachsenen äußert sich Berührung in der Regel durch einen Händedruck und eine Umarmung. Ein fester Händedruck signalisiert Vertrauen und Vertrautheit, während ein schwacher Händedruck auf mangelndes Vertrauen und Unvertrautheit schließen lässt. Eine Umarmung hat die gleiche Funktion wie ein Händedruck, aber Umarmungen von verliebten Personen können länger dauern.

Ebenso wichtig ist, dass die nonverbale Kommunikation einen gewissen Freiraum lässt. Wenn Sie der Person, mit der Sie kommunizieren, zu nahe kommen, wird sie sich unwohl fühlen, es sei denn, es handelt sich um eine Ausnahmesituation. Für Verliebte, die eine engere Beziehung anstreben, mag es romantisch klingen, sich einander zu nähern. Im Lehrerberuf gibt es die so genannte professionelle Distanz, d. h. den Standardabstand, der bei der Kommunikation zwischen Lehrer und Schüler zulässig ist. Wenn man sich zu nahe kommt, kann sich die andere Person erdrückt, gefangen und eingeschüchtert fühlen. Ein zu großer Abstand ist auch kontraproduktiv, da er die andere Person dazu zwingt, sich an der Kommunikation zu beteiligen.

Dementsprechend ist die Stimme Teil der nonverbalen Kommunikation. Wie laut wir sprechen, vermittelt eine Betonung. Das Tempo, in dem wir sprechen, gibt unseren emotionalen Zustand wieder. Wenn jemand schnell spricht, kann das darauf hindeuten, dass er Panik hat oder sich unsicher fühlt und so schnell wie möglich mit dem Sprechen fertig werden will. Der Tonfall und der Tonfall der Stimme verraten mehr über die Haltung des Sprechers und die Art der Botschaft. Die Nachricht kann zum Beispiel normal und emotionslos klingen, aber der Tonfall und die Tonhöhe des Sprechers können Aufregung oder Temperament verraten. Der Tonfall des Sprechers kann auf Sarkasmus oder Wut hindeuten.

Die nonverbale Kommunikation kann zwar manipuliert oder geübt werden, aber es ist schwierig, alle Formen der nonverbalen Kommunikation auf einmal zu manipulieren. Es ist schwierig, Tonfall, Gestik, Berührung, Abstand und Mimik so einzustellen, dass sie mit der verbalen Kommunikation übereinstimmen. Aus diesem Grund ist die Körpersprache nach wie vor eine verlässliche Quelle, um den emotionalen Zustand einer Person zu erkennen und festzustellen. Es ist jedoch möglich, die Körpersprache zu erlernen und zu kontrollieren, um bestimmte Ergebnisse zu verbessern. So wie wir lernen können, unsere Emotionen und die darauf folgenden Reaktionen zu fokussieren, können wir auch die Körpersprache besser kontrollieren. Es besteht auch die Möglichkeit, verwirrende nonverbale Kommunikation zu erhalten, die von der Quelle unbeabsichtigt gesendet wird. In den meisten Fällen schadet eine verwirrende nonverbale Kommunikation den Beziehungen. Vielleicht haben Sie unabsichtlich gelächelt, nur damit Ihr Freund denkt, dass Sie sich darüber freuen, dass er leidet.

Vor diesem Hintergrund fällt es all diesen intelligenten und wohlmeinenden Menschen schwer, mit anderen in Kontakt zu treten. Das Bedauerliche ist, dass sie sich der Körpersprache, die sie vermitteln, nicht bewusst sind. Wenn man effektiv kommunizieren will, sollte man Missverständnisse vermeiden und eine vertrauensvolle Beziehung aufbauen, sowohl beruflich als auch gesellschaftlich. Man sollte verstehen, wie man die Körpersprache einsetzt und interpretiert, und seine nonverbale Kommunikation verbessern.

Einer der schwierigsten und wertvollsten Aspekte der nonverbalen Kommunikation ist, dass sie auch dann stattfindet, wenn man sie nicht selbst initiiert. Aus diesem Grund kann die Körpersprache frustrierend sein, vor allem wenn man versucht, etwas zu verbergen, während die Körpersprache es immer wieder verrät. Irgendwann einmal haben Sie in einer Beziehung Lügen Ihres Partners aufgedeckt, obwohl dieser alles versucht hat, um seine Spuren zu verwischen. Andererseits ist die nonverbale Kommunikation der zuverlässigste Indikator für den Status einer Person, selbst wenn diese versucht, ihren wahren Status zu verschleiern.

Außerdem fühlen sich die meisten Menschen durch nonverbale Kommunikation frustriert, weil sie diese nicht immer kontrollieren können, selbst wenn sie sie einstudiert haben. Stellen Sie sich vor, Sie versuchen Ihrem Partner zu versichern, dass Sie nicht beleidigt sind, aber der Tonfall und die Tonhöhe Ihrer Stimme lassen vermuten, dass Sie verärgert sind. Der Zuhörer wird das Gefühl haben, dass Sie nicht ehrlich zu sich selbst und dem Zuhörer sind. Es ist wichtig, dass die verbale Kommunikation mit der nonverbalen Kommunikation übereinstimmt und nicht andersherum. Die Unfähigkeit, die gewünschte Körpersprache zu zeigen, kann eine Quelle der Verzweiflung sein.

Achten Sie beim Lesen der Körpersprache auf Ungereimtheiten, die der Gesprächspartner zeigt. Normalerweise sollte die nonverbale Kommunikation die verbale Kommunikation unterstützen oder verstärken. Wenn sich Unstimmigkeiten zeigen, versucht die Person, ihren wahren emotionalen Zustand zu verbergen. Es ist wichtig, nonverbale Kommunikationssignale als Gruppe zu analysieren und nicht nur einen einzelnen nonverbalen Hinweis. Analysieren Sie z. B. den Tonfall der Stimme, die Handgesten, die Mimik und den Blickkontakt als eine Gruppe zusammengehöriger Komponenten. Es ist wichtig, sich daran zu erinnern, dass manche Menschen von Geburt an anfällig für Ungereimtheiten in der nonverbalen Kommunikation sind, aber sie sind ehrlich in ihrer Kommunikation.

So gibt es beispielsweise Menschen, die aufgrund elterlicher Probleme von Geburt an schüchtern sind und deshalb den Umgang mit Menschen scheuen. Ein schüchterner Mensch hat Schwierigkeiten, Blickkontakt herzustellen und aufrechtzuerhalten, was nichts mit seinem emotionalen Status und der Ehrlichkeit seiner verbalen Botschaft zu tun hat. Es gibt Menschen, die von Geburt an unter Hyperhidrose leiden, einer Erkrankung, die sie auch bei kaltem Wetter und ohne anstrengende Bewegung übermäßig schwitzen lässt. Solche Menschen schwitzen an Händen und Füßen und vermeiden Händeschütteln oder Blickkontakt, was nicht als Panik, Unsicherheit und Angst interpretiert werden sollte.

Mündliche Kommunikation

Kommunikationssysteme verwenden Zeichen und Symbole zur Interaktion.

Die Zeichen sind Signale, die verwendet werden, um eine Nachricht zu übermitteln, so ist es auch die allgemeine Philosophie der verbalen Kommunikation. Um die ganze Idee der verbalen Kommunikation zu verstehen und sie richtig zu übersetzen, muss der Empfänger den Grund der Handlung kennen. Was ich damit meine? Man kann ein bestimmtes Signal verstehen, weil man die Ursache der Handlung kennt. Wenn Ihr Kind zum Beispiel einige Worte murmelt und direkt auf die Tür zeigt, was bedeutet das? Es bedeutet, dass wahrscheinlich jemand an der Tür steht oder dass an der Tür Aufmerksamkeit erforderlich ist. Symbole hingegen sind Zeichen oder Wörter, die eine komplexe Ebene des Denkens und Verstehens zwischen den beteiligten Parteien anzeigen. Symbole, so komplex sie auch erscheinen mögen, sind das Konzept der Theorie des symbolischen Interaktionismus.

Wann immer verbale Kommunikation stattfindet, ermöglicht sie uns, den symbolischen Inhalt zu suchen und zu verstehen, der uns eine Vorstellung davon vermittelt, worüber der Sprecher spricht. Dieser Prozess wird unterteilt in:

- **Semantik:** Semantiker kennen die Beziehung zwischen der Nachwirkung einer Handlung und ihrer Ursache. Wie Sie wissen, stehen Signale für eine bestimmte eigene Bedeutung, auch wenn sie für andere komplexe Dinge ausgelegt werden können. Ein kleines Kind zum Beispiel, das mit einem scharfen Messer in der Hand laut schreit, hat eine bestimmte Bedeutung. Als Beobachter denkt man, dass es sich mit dem Messer geschnitten hat und dass sein Geräusch zu Recht für den Schnitt selbst steht. Es erlaubt Ihnen, die Ereignisse anders zu sehen und die Hauptbotschaft, die sie aussenden, zu verstehen.

- **Generativität: Die** Generativität vertritt den Standpunkt, dass eine endliche Botschaft die Form von unendlich vielen Bedeutungen annehmen kann. Die Idee zeigt die Ebene, auf der verschiedene Gedanken von Individuum zu Individuum reichen. Deshalb sind Sprachen in der Lage, Symbole und Signale zu kombinieren und neu zu kombinieren, um sinnvolle und verständliche Äußerungen für die Benutzer der Sprache zu erzeugen.

- **Verdrängung:** Diese dritte Säule unterstützt die Idee, etwas Abstraktes zu kommunizieren, und hat eine Verbindung zur Sprache. Denn die Sprache gibt Raum für die Kommunikation von Dingen, die nur in der Vorstellung existieren. Die künstlerischen Tendenzen durch diesen Verschiebungsfaktor ermöglichen es den kommunizierenden Teilnehmern, über das zu sprechen, was nur in der Vorstellung existiert, abgesehen von dem, was man sehen kann.

KAPITEL 6: SIE SELBST ZUERST

Selbstreflexion ist entscheidend für das persönliche Wachstum und spielt auch in einer Beziehung eine wichtige Rolle. Viele Menschen erkennen ihre Schwächen nicht und weigern sich, die von ihnen gemachten Fehler zu akzeptieren. Stattdessen suchen sie die Schuld bei der anderen Person und sehen sich in jeder Situation als Opfer. Dies kann die Entwicklung einer Person hemmen und sich sehr negativ auf ihre Beziehung auswirken.

Bevor Sie an der Verbesserung Ihrer Beziehung zu Ihrem Partner arbeiten, sollten Sie an sich selbst arbeiten. Das bedeutet, dass Sie einen Schritt zurücktreten und Ihre Rolle in den Dingen betrachten müssen. Erinnern Sie sich an verschiedene Situationen, die Sie erlebt haben, und betrachten Sie Ihre Rolle darin. Wenn Sie versuchen, aus der Perspektive einer dritten Person zu denken, werden Sie feststellen, dass Sie in diesen Situationen die gleiche Rolle gespielt haben wie Ihr Partner. Zu diesem Zeitpunkt haben Sie jedoch vielleicht anders gedacht. Ihre Reaktion in solchen Situationen wird dazu führen, dass Sie mit Schuldzuweisungen um sich werfen, während Sie verletzend sprechen oder sich verletzend verhalten, auch wenn Sie es später bereuen werden. Um dies zu vermeiden, brauchen Sie etwas Zeit zur Selbstreflexion. Fragen Sie auch Ihren Partner oder andere um ihre Meinung, wenn Sie sie als konstruktive Kritik annehmen.

Wie kommunizieren Sie normalerweise, verbal und nonverbal (mit Ihrer Körpersprache)? Viele Menschen sind sich der Tatsache nicht bewusst, dass die Körpersprache eine größere Rolle in der Kommunikation spielt als Worte. Dieselben Worte in einem anderen Tonfall und mit anderen Handlungen gesagt, können eine völlig andere Bedeutung haben. Meistens kann man seinem Gegenüber viel vermitteln, ohne überhaupt etwas zu sagen. Deshalb ist es wichtig, dass Sie zuerst an Ihrer Körpersprache arbeiten. Wenn Sie die Art und Weise, wie Sie mit Ihrem Gegenüber kommunizieren, verbessern, wird sich das sehr positiv auf Ihre Beziehung zu ihm auswirken. An sich selbst zu arbeiten und die eigenen Schwächen zu erkennen, ist der erste Teil des Prozesses, wenn Sie Ihre Beziehung zu einer anderen Person verbessern wollen.

Es geht nicht darum, dass Sie immer im Unrecht sind oder dass die andere Person besser ist als Sie. Das ist nicht der Grund, warum wir sagen, dass Sie an sich arbeiten müssen. Der Punkt ist, dass Sie immer eine bessere Version von sich selbst sein können, als Sie es jetzt sind. Es gibt immer noch Raum für Verbesserungen, und der einzige, der Sie zurückhält, sind Sie selbst. Wenn Sie sich ein wenig anstrengen, können Sie ein besserer Mensch werden. Das wird es Ihnen ermöglichen, in allem, was Sie tun, besser abzuschneiden, von der Arbeit bis zu Ihren Beziehungen. Es gibt bestimmte Schritte, die Sie unternehmen müssen, um sich selbst zu verbessern und in Ihrem Streben nach Selbstverbesserung nicht nachzulassen. Strategien zur Selbstverbesserung werden Ihnen helfen, Ihr Leben positiv zu verändern.

Brechen Sie zum Beispiel mit einigen Ihrer üblichen schlechten Gewohnheiten. Dabei kann es sich um eine kleine Angewohnheit handeln, die Sie bisher für unbedeutend hielten. Sie können die Initiative ergreifen und sie jetzt ändern. Wenn Sie dazu neigen, den Wecker fünfmal auf Schlummern zu stellen, bevor Sie aufwachen, versuchen Sie ab morgen, sofort aufzuwachen. Wenn Sie Ihr Bett normalerweise ungemacht lassen, machen Sie Ihr Bett, sobald

Sie aufwachen. Anstatt Ihre sozialen Medien zu checken, lassen Sie Ihr Handy weg, bis Sie gefrühstückt haben und etwas meditiert haben. Es ist vielleicht keine Veränderung, die Sie vornehmen wollen, aber Sie haben schon immer gewusst, dass diese Dinge Ihr Leben besser machen. Warum also nicht damit anfangen, anstatt sie zu verdrängen? Sie können leicht zu den Menschen gehören, die immer bewundert werden, wenn Sie ein wenig an sich arbeiten. Das Einzige, was Sie von den anderen unterscheidet, ist das, was sie tun und was Sie nicht tun. Wenn Sie mit einigen kleinen Veränderungen beginnen, werden Sie in Zukunft größere Veränderungen vornehmen.

KAPITEL 7: SELBSTBESTÄTIGUNG

Selbstbestätigung bedeutet, dass Sie beginnen, Ihre subjektive Erfahrung zu akzeptieren und lernen, eine positive Identität aufzubauen.

Mit der Validierung zeigen Sie einer Person, dass Sie ihre Gedanken, Gefühle, Handlungen usw. verstehen und akzeptieren. Die Validierung selbst spielt eine entscheidende Rolle in der Beziehung zu Ihrem Partner. Hier erfahren Sie mehr über die Bedeutung der Selbstbestätigung. Genauso wie Sie andere akzeptieren und anerkennen, müssen Sie auch sich selbst besser akzeptieren und verstehen. Ihre Gedanken und Gefühle sind alle gültig. Es wäre jedoch hilfreich, wenn Sie nicht davon ausgehen würden, dass sie immer richtig oder gerechtfertigt sind. Selbstbestätigung ist nicht dasselbe wie Selbstrechtfertigung. Ihre Gedanken mögen Ihnen oft gegen den Strich gehen und Sie überraschen. Vielleicht tun Sie manchmal Dinge, die nicht mit Ihren Grundwerten übereinstimmen. Vielleicht haben Sie Gefühle oder Gedanken, die Ihnen Unbehagen bereiten. Sie müssen aufhören, diese abzuwehren, und dürfen sich selbst oder andere nicht dafür verurteilen, dass sie diese Gedanken und Gefühle haben.

Wenn Sie lernen, Ihre Gedanken und Gefühle zu beobachten und anzuerkennen, können Sie lernen und als Mensch wachsen. Wenn Sie Ihre Meinungen und Gefühle anerkennen, können Sie gelassener bleiben und sich selbst besser kontrollieren. Wenn Sie sich selbst anerkennen, lernen Sie, sich selbst besser zu verstehen und zu akzeptieren. So können Sie eine stärkere Identität aufbauen und besser mit unberechenbaren Emotionen umgehen, die Sie sonst in die falsche Richtung treiben könnten.

Beachten Sie, wie wir "achtsame" Kommunikation verwenden. Auch wenn Sie an sich selbst arbeiten, geht Achtsamkeit Hand in Hand mit Selbstbestätigung. Am besten wäre es, wenn Sie achtsam mit dem umgehen, was Sie denken oder fühlen, damit Sie es bestätigen können.

Stufen der Selbstvalidierung

Selbstvalidierung findet auf sechs verschiedenen Ebenen statt.

1. **Sich seiner Gefühle bewusst zu sein, ohne sie zu verdrängen, geht Hand in Hand mit mehr Präsenz.** Gegenwärtig zu sein bedeutet, sich zu erden und seine Gefühle nicht abzusondern, zu träumen, zu unterdrücken oder zu betäuben. Sie müssen lernen, auf sich selbst zu hören. Es kann unangenehm sein, Traurigkeit oder Angst zu empfinden. Wenn Sie Ihren Gefühlen jedoch ständig ausweichen, können sie sich aufstauen und zu sehr negativen Ergebnissen führen. Wenn Sie hingegen Ihre Gefühle akzeptieren, können sie vorübergehen und Sie werden widerstandsfähiger gegenüber allen Herausforderungen, denen Sie gegenüberstehen. Gegenwärtig zu sein hilft Ihnen, sich selbst zu bestätigen und zu erkennen, dass Sie wichtig sind und dass Sie fühlen dürfen. Ihre emotionale Erfahrung ist genauso gültig wie jede andere Erfahrung in Ihrem Leben.

2. **Reflektieren bedeutet, etwas zu manifestieren oder sichtbar zu machen.** Selbstbewertung erfordert eine genaue Reflexion; es bedeutet, dass Sie Ihren inneren Zustand vor sich selbst erkennen und ihn genau benennen können. Vielleicht denken Sie darüber nach, was das Gefühl ausgelöst hat und wann es aufgetreten ist. Vielleicht denken Sie darüber nach, wie Sie dieses Gefühl in Ihrem Körper empfinden, und überlegen, welche Handlungen mit diesem Gefühl einhergehen. Reflexionsmethoden beinhalten das Beobachten und Darstellen von Aspekten der Achtsamkeit. Wenn Sie über Ihr inneres Erleben reflektieren, übersetzen Sie

nicht, theoretisieren Sie nicht und stellen Sie keine Vermutungen an. Sie können sagen: "Ich fühle mich wütend, und es begann gestern, nachdem mein Partner die Pläne mit mir abgesagt hatte. Ich spüre ein beklemmendes Gefühl im Magen, und vielleicht ist da auch ein Gefühl der Angst. Zu sagen: "Ich bin ein absoluter Versager, und niemand braucht seine Zeit in mich zu investieren", würde nicht die Gewissheiten Ihrer Erfahrung zum Ausdruck bringen. Die Übermittlung einer bestimmten Tatsache aus Ihrer Erfahrung beinhaltet eine Bestätigung und ermöglicht es Ihnen, Ihrer persönlichen Erfahrung zu vertrauen. Wenn Sie Ihre Erfahrungen falsch interpretieren, negieren Sie sie und wecken Zweifel, soweit Sie das beurteilen können.

3. **Sie werden sich nicht immer sicher sein, was Sie fühlen oder denken.** Dann sagen Sie vielleicht Dinge wie: "Diese Art von Situation macht normalerweise andere Menschen traurig, aber ich weiß nicht, ob ich traurig bin." Sie können Vermutungen anstellen, indem Sie sich überlegen, was Sie tun möchten. Wenn Sie sich vor jemandem verstecken wollen, schämen Sie sich wahrscheinlich, ihm gegenüberzutreten. Vielleicht haben Sie etwas getan, wofür Sie sich schämen, und Ihr Körper gibt Ihnen in solchen Fällen Empfindungen wie ein Engegefühl im Hals. Sie können erraten, wie Sie sich fühlen oder denken, wenn Sie die Informationen über die Situation auswerten, die Sie bereits haben.

4. **Auch Ereignisse aus Ihrer Vergangenheit können manchmal Ihre Gedanken und Gefühle bestimmen.** Sie fühlen sich vielleicht unwohl, wenn Menschen vor Ihnen streiten. Das kann daran liegen, dass Sie in der Vergangenheit in dieser Art von Situation verletzt wurden. Das passiert oft, wenn Menschen missbräuchliche oder traumatische Erfahrungen gemacht haben. Dieselbe Art von Situation kann auch in der Gegenwart Angst oder Verärgerung auslösen, was verständlich ist. Sie müssen auch aufgrund der Vorgeschichte validieren.

5. **Intensive Gefühle können manchmal schwer zu verarbeiten und zu akzeptieren sein.** Wenn Sie eine intensive Emotion erleben, haben Sie vielleicht das Gefühl, dass Sie unnormal sind, weil Sie sich so verhalten. Sie denken, dass dies keine normale Art des Denkens oder Fühlens ist. Emotionen sind jedoch ein Teil des menschlichen Lebens. Jeder Mensch erlebt Gefühle, und die Intensität der Gefühle ist bei jedem unterschiedlich. Du darfst so verletzt, wütend, traurig oder beschämt sein, wie du dich fühlst. Sie müssen Ihre Gefühle zulassen und auch anerkennen, wenn jemand anderes so fühlt. Die Situation, die Sie gerade durchleben, würde wahrscheinlich bei anderen Menschen die gleichen Gefühle oder Gedanken auslösen. Sie können herausfinden oder andere fragen, ob sie sich in solchen Situationen auch so fühlen würden. Das wird Ihnen helfen, Ihre eigenen Erfahrungen zu normalisieren und zu validieren.

6. **Du kannst echt sein und aufhören, dich selbst zu belügen.** Sei dein wahres Ich. Geben Sie nicht vor, etwas zu sein, was Sie nicht sind. Wenn Sie Ihre Wahrheit ablehnen, ist das eine der schlimmsten Arten, sich selbst die Bestätigung zu verweigern. Sie müssen verstehen, dass das, was Sie tun, nicht immer mit dem übereinstimmt, was Sie sind. Ihr Verhalten macht Sie nicht aus. Wenn du dich unwohl fühlst oder ein schlechtes Verhalten erkennst, hilft es dir, es ein wenig zu ändern, damit du dich leichter akzeptieren kannst.

Lernen Sie, sich selbst einzuschätzen, denn das ist ein wichtiger Schritt zu einem besseren Leben. Sie wird Ihnen helfen, gesunde Beziehungen zu anderen aufzubauen und in ihnen zu gedeihen. Sie müssen die Selbstbewertung in Ihr tägliches Verhalten einbauen, bis sie für Sie zu einer Selbstverständlichkeit wird.

KAPITEL 8: FOKUS AUF KOMMUNIKATION

Beziehungen sind auf Kommunikation angewiesen, um erfolgreich zu sein. Wenn nur eine Person schlechte Kommunikationsfähigkeiten hat, kann dies die Beziehung drastisch beeinträchtigen. Deshalb ist es äußerst hilfreich, wenn Sie verstehen, was grundlegende Kommunikation ist, um Ihre Beziehung zu verbessern und auszubauen. Obwohl Menschen täglich miteinander kommunizieren, denken die meisten von uns nicht darüber nach, wie wir es tun und was Kommunikation bedeutet. Jeder von uns hat seine eigenen Gewohnheiten, und wahrscheinlich kommunizieren wir Tag für Tag auf ähnliche Weise. Wir werden die Grundlagen der Kommunikation kennen lernen, erfahren, wie sich Kommunikationsfähigkeiten auf Ihre romantischen Beziehungen auswirken, und lernen einige Richtlinien für Streitigkeiten zwischen Paaren kennen. Wenn Sie irgendwelche Vorurteile über Ihre Kommunikationsfähigkeiten oder die Ihres Partners haben, legen Sie diese jetzt ab und beginnen Sie, neu zu lernen.

Grundregeln der Kommunikation

Die Grundregeln der Kommunikation sind recht einfach und lassen sich mit zwei Worten beschreiben: offene Kommunikation. Je nachdem, mit wem Sie in einer Beziehung sind, kann die Person über eine höhere oder niedrigere emotionale Intelligenz (EI) verfügen. Eine offene Kommunikation ist der beste Weg, um Annahmen und Missverständnisse zu vermeiden. Um zu verstehen, wie wichtig eine offene Kommunikation in Ihren romantischen Beziehungen ist, werde ich Ihnen zeigen, wie Kommunikationsfähigkeiten Ihre romantischen Beziehungen beeinflussen können.

Wie sich Kommunikationsfähigkeiten auf Ihre romantischen Beziehungen auswirken

Kommunikationsfähigkeiten spielen eine entscheidende Rolle in Ihren romantischen Beziehungen. Ohne gute Kommunikationsfähigkeiten könnten Sie Ihre Beziehung genauso gut die Toilette runterspülen.

Wenn Sie ein guter Kommunikator sind, bedeutet dies, dass Sie es können:
- Effektiv und aktiv zuhören
- Beobachten Sie Ihre Gedanken und Gefühle
- Wissen, wann eine Antwort nicht erforderlich ist
- Andere Menschen beobachten und Empathie üben
- Überlegtes und angemessenes Reagieren auf eigene und fremde Beobachtungen, durch Einfühlungsvermögen

Indem Sie all diese Dinge tun, können Sie sich mit Menschen auf einer tieferen Ebene durch Verständnis verbinden. Sie können Informationen effektiv mit anderen teilen und auch Informationen erhalten. Diese fünf Punkte sind in allen Arten von Beziehungen von Vorteil. In Beziehungen geht es vor allem um Verbindung, und diese Verbindung ist ohne die Fähigkeit, gut zu kommunizieren, schwierig.

Wie sich schlechte Kommunikation auf Beziehungen auswirkt

Wenn Sie eine Person sind, die mit guter Kommunikation zu kämpfen hat, kann es Ihnen schwer fallen, mit anderen Menschen im beruflichen und privaten Umfeld zu interagieren.

Wenn Sie Ihren Mitmenschen nicht zuhören können und nicht in der Lage sind, sich verbal auszudrücken, wird es sehr schwierig sein, in Ihren Beziehungen gegenseitiges Verständnis zu erreichen. Es ist sehr wichtig, dass Sie Ihre Gedanken und Gefühle wahrnehmen und sie anderen z. B. schriftlich oder mündlich mitteilen können. Wenn Sie dazu nicht in der Lage sind oder sich nicht gut ausdrücken können, kann dies zu Missverständnissen in Ihren Beziehungen führen.

Schlechte Kommunikation äußert sich nicht immer darin, dass gemeine Worte ausgetauscht oder Stimmen erhoben werden. In den meisten Fällen handelt es sich bei schlechter Kommunikation um einen Mangel an Kommunikation. Wenn bestimmte Dinge nicht anerkannt oder gesagt werden, beginnen beide Personen, Dinge über den anderen zu vermuten, und es werden Schlussfolgerungen gezogen. Um schlechte Kommunikation in Beziehungen zu vermeiden, sollte man zu viel kommunizieren. Indem Sie Ihre Absichten und Gedanken übermäßig mitteilen, beginnt die empfangende Person, Ihren Kommunikationsstil und Ihre Gedankengänge zu verstehen. Je mehr sie erfährt, was in Ihrem Kopf vor sich geht, desto weniger wird sie Sie falsch interpretieren. Das ist vor allem am Anfang einer Beziehung wichtig, denn da ist die Lernkurve am höchsten. Das gilt nicht nur für romantische Beziehungen, sondern auch für berufliche, persönliche und familiäre Beziehungen. So wie Sie wahrscheinlich sehr gut wissen, wie Ihr bester Freund denkt und kommuniziert, sollten Sie auch wissen, dass Sie nicht so gut wissen, wie Ihr neuer Kollege denkt und fühlt und umgekehrt. Um Missverständnisse und Streitigkeiten zu vermeiden, sollten Sie zu viel kommunizieren, damit kein Raum für Fehlinterpretationen bleibt. Sobald Sie und Ihr Gegenüber ein Verständnis entwickelt haben, können Sie einen Kommunikationsstil entwickeln, der für beide Seiten funktioniert.

Streiten in Beziehungen ist eine Form der Kommunikation

Hin und wieder zu streiten ist unvermeidlich, aber die Art und Weise, wie man streitet, ist das Wichtigste. Kämpfen ist eine Art der Kommunikation, die sowohl verbale als auch nonverbale Kommunikation beinhaltet. Wenn Sie zu den Menschen gehören, die beim Streiten schreien und brüllen, hören Sie der anderen Person wahrscheinlich nicht richtig zu, was zu Problemen in Ihrer Beziehung führen kann. Die Fähigkeit, gesund zu streiten, ist ein wichtiger Teil der Kommunikation in Beziehungen. Es gibt viele verschiedene Arten zu streiten, und Sie können mit Einfühlungsvermögen die Art und Weise, wie Ihr Partner streitet, beobachten und verstehen, um entsprechend zu reagieren. Manche Menschen schweigen und sprechen nicht, wenn sie sich streiten. Das ist zwar keine effektive Form der Kommunikation, aber wenn Sie dies bei einer anderen Person erkennen, werden Sie zu einem besseren Kommunikator. Wenn Sie verstehen, wie Ihr Partner streitet, können Sie auf eine Weise reagieren, die zu einer Lösung führt und die Beziehung stärkt. Wenn Ihr Partner während eines Streits still wird und sich nicht auf einen Dialog einlässt, können Sie mit Einfühlungsvermögen verstehen, dass er sich vielleicht wütend und verletzt fühlt und seine Gefühle erst verarbeiten muss, bevor er sie mitteilen kann. Sie können etwas sagen wie: "Warum nehmen wir uns nicht dreißig Minuten Zeit für uns und sprechen danach noch einmal darüber." Damit zeigen Sie Ihrem Partner, dass Sie verstehen, was er braucht, und dass Sie bereit sind, ihm das zu geben. Sie geben sich nicht geschlagen, sondern nutzen Ihr Wissen über Kommunikation, um den effektivsten Weg für die Kommunikation in Ihrer Beziehung zu finden. Dies ist ein Zeichen für eine reife und effektive Kommunikation. Wenn Sie Ihrem Partner diese Zeit geben, ist er vielleicht nach diesen dreißig Minuten wieder bereit, in Ruhe mit Ihnen zu diskutieren und effektiv zu kommunizieren. Wenn Sie auf diese Weise an Streitigkeiten herangehen, können Sie die Situation im weiteren Verlauf prüfen, entsprechend reagieren und so die effektivste Art der Kommunikation wählen.

Grundlegende Kommunikationsfähigkeiten

Jeder Mensch verfügt über grundlegende Kommunikationsfähigkeiten. Diese Fähigkeit wird uns in die Wiege gelegt, aber das bedeutet nicht, dass jeder Mensch mit Geschick kommunizieren kann. Zur Basiskommunikation gehört, dass man sprechen, erkennen und jemandem seine Grundbedürfnisse mitteilen kann, z. B. wenn man Hunger hat oder auf die Toilette gehen muss. Zur Basiskommunikation gehört auch, dass man hören kann, was eine andere Person zu einem sagt, und versteht, was es bedeutet. Wir halten diese Arten der Kommunikation für selbstverständlich, da wir sie so häufig verwenden, aber sie sind ein Teil der Kommunikation. Dies kann jedoch noch viel weiter gehen, denn Menschen kommunizieren viele kleine und subtile Dinge, ohne ein Wort zu sagen. Diese Art der Kommunikation wird als nonverbale Kommunikation bezeichnet. Die beiden anderen Arten, die wir schon sehr früh im Leben lernen und die man uns beibringen muss, sind die schriftliche und die visuelle Kommunikation.

KAPITEL 9: ZUHÖREN: DER ERSTE SCHRITT

Haben Sie sich schon einmal mit Ihrem Partner gestritten, und dann halten Sie inne, sehen den anderen an und stellen plötzlich fest: "Mein Partner hört mir nicht zu"? Sie versuchen vielleicht verzweifelt, sich mitzuteilen, formulieren die Dinge so klar und präzise wie möglich, aber es fällt Ihnen trotzdem schwer, das, was Sie sagen wollen, zu verstehen. Ihr Partner scheint zumindest einiges von dem zu hören, was Sie sagen, aber nicht zu verstehen, was Sie meinen. Diese Art des Austauschs kann eine Beziehung schwächen, lähmen und zerstören. Wenn Sie nicht in der Lage sind, dem Gesagten effektiv zuzuhören, können Sie auch nicht hoffen, die Beziehung effektiv zu führen. Zuhören ist die Grundlage der verbalen Kommunikation, und ohne Zuhören ist die Beziehung dem Untergang geweiht.

Oft sind sich die Beteiligten nicht einmal bewusst, dass ihr Problem mit der Fähigkeit des Zuhörens zusammenhängt. Sie glauben vielleicht, dass sie effektiv und gründlich zuhören, obwohl das gar nicht der Wahrheit entspricht. Die Parteien sind vielleicht so sehr darauf konzentriert, dem anderen zu antworten, dass sie nicht zuhören und das Gesagte aufnehmen. Andere hören nicht aktiv zu und gehen davon aus, dass sie die Anforderungen an das Zuhören erfüllt haben, weil sie der anderen Partei genau das wiedergeben können, was ihnen gesagt wurde. Möglicherweise haben sie aber gar nicht darüber nachgedacht, was gesagt wurde.

Schließlich ist Zuhören eine Fähigkeit, die sich nur schwer entwickeln lässt. Es braucht viel Zeit und Mühe, um die notwendigen Fähigkeiten richtig zu entwickeln, aber wenn Sie das geschafft haben, werden Sie feststellen, dass Ihre Beziehungen leichter zu handhaben sind. Sie werden in der Lage sein, Probleme mit Leichtigkeit zu lösen, weil Sie zuhören können, was die andere Person zu vermitteln versucht. Sie verstehen die Absicht, die hinter dem Gesagten steht, so dass Sie auch dann noch verstehen, was die andere Person gesagt hat, wenn sie sich verplappert hat. Wenn Sie diesen Punkt erreicht haben, sind Sie in der Lage, auch Missverständnisse zu verstehen, und können so Ihre Beziehung stärken. Natürlich ist der schwierige Teil, überhaupt dazu in der Lage zu sein.

Wie man effektiv zuhört

Die bisherigen Informationen haben Ihnen gezeigt, wie Sie vom Zuhören profitieren können und wie ein ineffektiver Zuhörer Ihnen und Ihren Beziehungen schaden kann, aber abgesehen von den Schritten zum Zuhören mit der Absicht zu verstehen, hat Ihnen nur sehr wenig von dem, was Sie gelesen haben, gesagt, wie Sie ein effektiver Zuhörer werden können. Der beste Weg, ein guter Zuhörer zu werden, ist Übung. Wie bei jeder anderen Fähigkeit, die man üben muss, um sie zu beherrschen, ist es beim Zuhören nicht anders. Während Sie Ihrem Partner zuhören, üben und verfestigen Sie verschiedene Gewohnheiten, die die Grundlage dafür bilden, wie Sie das Zuhören angehen. Jede dieser Gewohnheiten ist fantastisch, wenn Sie sie in Verbindung mit dem Zuhören, um zu verstehen, und nicht mit dem Zuhören, um zu antworten, aufbauen und anwenden.

Legen Sie Ihr Telefon weg

Das mag wie gesunder Menschenverstand klingen, aber viel zu viele Menschen haben Schwierigkeiten, effektiv zuzuhören, weil sie an ihrem Telefon hängen bleiben. Wenn Sie mit jemandem sprechen, gehört Ihr Telefon in Ihre Handtasche oder an einen anderen Ort, an dem es nicht sichtbar ist. Selbst wenn Sie es auf den Tisch legen, reicht das nicht aus, unabhängig davon, ob der Bildschirm oben oder unten ist. Achten Sie darauf, dass Ihr Telefon immer weggelegt ist, damit Sie Ihrem Gesprächspartner Ihre volle Aufmerksamkeit schenken können. Wenn Sie dies tun, werden Sie die anderen Schritte des effektiven Zuhörens eher als natürlich empfinden.

Urteilsbildung vermeiden

Das kann manchmal schwierig sein - vielleicht hat Ihr Partner etwas gesagt, von dem Sie wissen, dass es offenkundig falsch ist, oder Sie sind mit der Haltung Ihres Partners zu einem Thema wie Politik oder sogar dem Film, den Sie an diesem Abend gemeinsam sehen werden, nicht einverstanden. Sie sollten immer versuchen, auf ein Urteil zu verzichten, denn das würde nur zu Unmut führen. Schlimmer noch, Sie könnten Ihr Urteil in die gefürchtete Übertreibung verwandeln, bei der Sie davon ausgehen, dass die andere Person eine Entscheidung getroffen oder etwas aus Unwissenheit über etwas gesagt hat, in das Sie eingeweiht sind, anstatt diese Entscheidung legitim zu treffen. Dies kann einer Beziehung schaden, da das Urteil zu Recht negativ ausgelegt werden kann.

Versuchen Sie sich vorzustellen, was der Sprecher sagt

Wenn Sie versuchen zu verstehen, was Ihnen gesagt wird, versuchen Sie, es sich vorzustellen. Diese Visualisierung hilft Ihnen nicht nur, das Gesagte zu verstehen, sondern auch, sich besser zu erinnern und zu konzentrieren. Auf diese Weise konzentrieren Sie sich auf das Verstehen und Begreifen und nicht auf den Versuch, sich eine Antwort auf das Gesagte auszudenken, was Sie dazu ermutigt, effektiv zuzuhören.

Bieten Sie keine unaufgeforderten Ratschläge an

Wenn Sie mit jemandem kommunizieren, ist es mit das Schlimmste, der anderen Person Ihren Rat aufzudrängen. Vielmehr sollten Sie warten, bis die andere Person aufhört zu sprechen, und dann höflich fragen, ob die andere Person hören möchte, was Sie über die Situation denken. Vor allem, wenn sich jemand bei Ihnen beschwert, werden Sie manchmal die perfekte Lösung finden. Sie müssen sich jedoch darüber im Klaren sein, dass diese Lösungen je nach Person nicht immer willkommen oder erwünscht sind. Es ist nur höflich, zu fragen, ob sie erwünscht sind, bevor Sie sie jemandem aufdrängen. Denken Sie daran: Egal, welche Absichten Sie haben, ein Ratschlag ist nur dann hilfreich, wenn er auch gewünscht wird.

Positives Feedback

Denken Sie daran, dass Ihre Körpersprache sehr viel über Ihren aktuellen Gemütszustand aussagt. Wenn Sie sich im Zuhören üben, sollten Sie darauf achten, dass Sie positives Feedback geben. Dabei sollten Sie darauf achten, dass Ihre Körpersprache zeigt, dass Sie bereit sind, zuzuhören, und dass Sie sich auf das Geschehen einlassen. Vermeiden Sie eine nervöse Körpersprache, die der anderen Person signalisiert, dass Sie uninteressiert sind, z. B. Zappeln, Nägelkauen, Wegducken oder Vermeiden von Augenkontakt.

Praxis

Der beste Weg, Ihre Fähigkeiten zu entwickeln, ist die Praxis. Machen Sie es sich zur Aufgabe, mindestens zwei Wochen lang täglich aktiv zuzuhören, um die ersten Gewohnheiten zu entwickeln und sie zu festigen. Achten Sie darauf, dass Sie jeden Tag ein vollständiges

Gespräch mit jemandem führen, ohne der anderen Person zu sagen, dass Sie Ihr aktives Zuhören üben. Nachdem Sie das Gespräch beendet haben, notieren Sie die Unterschiede im Verhalten, die Sie festgestellt haben. Wahrscheinlich werden Sie feststellen, dass diejenigen, mit denen Sie sich beschäftigt haben, viel gesprächsbereiter und generell freundlicher sind, einfach weil Sie ihnen die Zeit gegeben haben, aktiv mit ihnen zu sprechen.

KAPITEL 10: VERTRAUEN: DER ZWEITE SCHRITT

Vertrauen ist ein wesentlicher Bestandteil der Kommunikation. Eine gesunde Ehebeziehung kann ohne sie nicht existieren. Zweifellos wird die Kommunikation miteinander nicht effektiv sein.

Vertrauensprobleme in Ihrer Ehe können durch physische Ereignisse, Lügen, psychologische Ereignisse, Kontakt mit dem Ex, Pornografie usw. verursacht werden. Mangelndes Vertrauen führt in der Regel zu Bitterkeit. Daher sollte es eine Priorität sein, volles Vertrauen in Ihre Ehe aufzubauen, da dies zu einem tieferen Grad an gesunder Kommunikation beiträgt. Wenn Sie Ihrem Mann oder Ehepartner vertrauen, haben Sie die Freiheit und den Komfort, sich selbst auszudrücken. Vertrauen gibt Ihnen die Möglichkeit, sich sicher genug zu fühlen, um jeden Aspekt von sich selbst mit Ihrem Partner zu teilen, ohne Angst vor Ablehnung oder Demütigung zu haben. Genauso muss Ihr Partner darauf vertrauen, dass die tiefgründigen romantischen Dinge, über die Sie miteinander sprechen und diskutieren, zwischen Ihnen bleiben.

"Intimität entsteht, wenn man einen anderen Menschen auf einer tiefen Ebene versteht" (Grenzen in der Ehe). Damit Sie sich sicher genug fühlen, um sich einander zu offenbaren, um emotional mit Ihrem Partner nackt zu sein und um besser sprechen zu können, müssen Sie Vertrauen kultivieren. Jemanden zu kennen, von ihm persönlich verstanden zu werden, aufrichtig geliebt und so akzeptiert zu werden, wie man ist, gehört zu den schönsten Dingen, die eine Partnerschaft bieten kann. Die tiefe Verbundenheit mit einem anderen Menschen gibt uns einen Sinn im Leben. Als Menschen können wir alles für diese Beziehung tun, was erklärt, warum viele Menschen zu süchtigen Verhaltensweisen greifen. "Der Mensch hat ein tiefes Bedürfnis, sich zu binden und Beziehungen einzugehen. Auf diese Weise erhalten wir unseren Stolz. Wenn wir uns nicht miteinander verbinden können, verbinden wir uns mit allem, was wir finden können." (Johann Hari)

Vertrauen in die Gewerkschaft lässt sich nicht über Nacht aufbauen. Es braucht etwas Zeit und Funktion. Wenn Sie oder Ihr Partner in früheren Beziehungen Probleme mit dem Vertrauen hatten, wird es etwas mehr Aufwand erfordern.

Beginnen Sie damit, dass Sie Ihrem Partner gegenüber vollkommen ehrlich sind. Gibt es irgendetwas, das Sie Ihrem Partner nicht über Ihre vergangenen, aktuellen oder zukünftigen Strategien erzählt haben? Damit Sie volles Vertrauen aufbauen können, müssen Sie sicher sein, dass Sie vertrauensvoll sind. Sollten Sie wirklich das Gefühl haben, dass Sie angefangen haben, sich Gedanken über einen anderen Mann als Ihren Partner zu machen, oder glauben, dass Sie etwas erreicht haben, was Sie Ihrem Partner nicht gönnen würden, wenn die Rollen vertauscht wären, müssen Sie nur darüber sprechen.

Wenn Sie durch etwas verletzt sind, wenn Sie etwas nicht getan haben, was Sie sich gewünscht haben, und die Liste geht weiter, seien Sie ehrlich zu Ihrem Ehepartner. Teilen Sie Ihre Gedanken mit, insbesondere die Kämpfe und Schmerzen, die Sie täglich durchmachen. Scheuen Sie sich nicht, diese Fragen zu stellen. Sie werden nicht immer zugänglich sein, aber je mehr Sie Vertrauen aufbauen, desto offener und verbundener werden Sie mit Ihrem Partner sein. Gefährden Sie niemals Ihren Partner! Wenn Sie das tun, wird er sich eher verletzt als sicher fühlen. Das wird dazu führen, dass sie nicht offen sind. Tun Sie Ihr Bestes, um niemals Dinge zu sagen, die Ihren Partner wissentlich verletzen.

Sie dürfen keine Angst haben, das Schiff zu schaukeln und Dinge zu verbergen oder Ihre Gefühle zu verbergen. Das bedeutet, dass Sie Ihren Partner nicht einfach anlügen. Wenn Sie Dinge in sich hineinstopfen und nicht in der Lage sind, Ihre Gefühle auf gesunde Weise richtig zu vermitteln, kann das nicht nur für Ihre Beziehung, sondern auch für Ihre Gesundheit gefährlich sein. Wenn Sie diese Dinge nicht offen aussprechen, lassen Sie zu, dass sie sich entwickeln und Sie verbittert gegenüber Ihrem Partner sind. Wenn Sie zulassen, dass sich diese kleinen Dinge anhäufen, werden Sie allmählich über etwas Unbedeutendes zerbrechen.

Wenn Sie Ihre Gefühle unterdrücken, werden sie wütend und bitter. Wenn Sie Ihrem Partner gegenüber nicht fair und emotional verletzlich sein können, liegt etwas Tieferes vor, das eine offene Kommunikation behindert.

Kann schon eine kleine Notlüge einer Gewerkschaft großen Schaden zufügen? Wie wäre es mit einer Lüge durch Unterlassung? Kein Schaden, kein Foul, richtig? Falsch. Die Lösung ist ganz einfach. Lügen, oder vielleicht auch das Verschweigen von Tatsachen, weil das, was der Partner nicht weiß, ihn nicht verletzen wird, untergräbt die einfache Grundlage Ihrer Beziehung, nämlich die Hoffnung. Dadurch fühlen Sie sich aufgebläht und es wird unmöglich, eine tiefere Intimität zu entwickeln.

Sie werden vielleicht denken, das ist ein Übermaß an Informationen, die man besprechen muss, sollte man etwas übersehen? All dies sind einfache Beispiele, die es Ihnen ermöglichen, die kleinen Dinge zu verstehen. Sie können damit beginnen, dass Sie sich vergewissern, dass Sie für Ihren Partner vertrauenswürdig sind. Wenn Ihr Partner Ihnen etwas erzählt, muss ihm klar sein, dass es unter Ihnen beiden bleiben wird. Wenn Sie einen Streit erleben, rennen Sie nicht zu Ihrem besten Freund oder Verwandten. In neun von zehn Fällen ist es die Folge eines Kommunikationsfehlers. Wenn Sie sich an einen Verwandten oder Freund wenden, werden diese Ihren Partner in einem anderen Licht sehen, so dass Sie nicht so leicht zurückkehren können. Sie lieben Ihren Partner nicht so sehr wie Sie selbst.

Auch hier gilt die Ausnahme, wenn Ihr Partner gewalttätige oder schädliche Dinge tut oder sagt.

Sobald Sie verstehen, wie Sie mit Ihrem Partner sprechen können, und die Bedeutung von Vertrauen in der Ehe begreifen, wird es einfacher, auf Ihren Partner zuzugehen, da Sie mit Ihrem besten Freund sprechen, mit dem Sie eine romantische Beziehung aufgebaut haben. Sie müssen Ihrem Partner gegenüber ehrlich sein, und Ihr Partner muss Ihnen gegenüber ehrlich sein.

Ergreifen Sie die ersten Maßnahmen, um Vertrauen aufzubauen, indem Sie Ihrem Partner mitteilen, dass Sie ehrlich zueinander sein wollen, auch wenn es weh tut, und es wird gelegentlich weh tun. In unserem allerersten Ehejahr gab es einige Vorfälle, bei denen wir nicht immer ganz ehrlich waren und uns dabei ungewollt gegenseitig verletzt haben. Wir haben das mit Kommunikation aufgearbeitet und erklärt, dass das nicht akzeptabel ist; wir würden das in unserer Ehe nicht hinnehmen, und wir haben einander vergeben.

Können wir Mist bauen? Auf jeden Fall. Wenn man jemandem so nahe steht, hat das, was man tut, direkte Auswirkungen auf den Partner, und was er tut, hat Auswirkungen auf einen selbst. Wir sind nicht perfekt und werden es auch nie sein. Alles, was wir tun können, ist zu versuchen, jeden Tag besser zu werden und aus unseren Fehlern und den Fehlern der anderen, die ihr Wissen mit uns teilen, zu lernen und weiterzumachen.

Das Vertrauen in den anderen muss immer wieder neu gestärkt und bekräftigt werden. Es ist sehr schwierig, das Vertrauen in der Ehe wiederherzustellen. Respektieren Sie also das Vertrauen Ihres Partners und nehmen Sie es nie als selbstverständlich hin.

Sie fragen sich vielleicht, warum in einem Buch über Kommunikation von Vertrauen die Rede ist. Die Realität ist, dass Sie ohne Vertrauen nicht effizient kommunizieren können. Die Freude an der Gegenwart, an dieser reichen und tiefgründigen Kommunikation, in der weder Sie noch der Partner Angst haben, emotional und gefühlsmäßig ganz nackt miteinander zu kommunizieren. Die Liebe wird davon profitieren, wenn auch Sie Ihrem Partner voll vertrauen!

Strategien zum Aufbau von Vertrauen in Ihrer Ehe

- Fragen Sie Ihren Partner, was Sie tun können, um sein Vertrauen zu gewinnen.
- Versprechen Sie sich und Ihrem Partner, dass Sie ehrlich sind, auch wenn es weh tut.
- Teilen Sie Ihre Gedanken mit, insbesondere die Kämpfe und Schmerzen, die Sie täglich durchleben. Seien Sie geistig verletzlich.
- Hören Sie auf, durch Unterlassung oder anderweitig zu lügen.
- Seien Sie sich des verursachten Schadens bewusst, nehmen Sie Ihr Fehlverhalten zur Kenntnis und übernehmen Sie Verantwortung.
- Halten Sie Ihre Versprechen.
- Hören Sie zu und konzentrieren Sie sich auf Ihren Partner.
- Geben Sie Ihrem Partner die Chance, Ihr Vertrauen zu gewinnen.
- Vertrauen in der Ehe beruht auf Gegenseitigkeit; es braucht zwei, damit es entsteht.
- Seien Sie Sie selbst und seien Sie authentischer.
- Seien Sie bereit, sich beraten zu lassen oder einen Ehetherapeuten aufzusuchen, wenn es nötig ist.
- Es braucht einige Zeit und viel Geduld.
- Beweisen Sie Ihrem Partner, dass Sie ihn lieben und lieben.
- Setzen Sie Ihrer Ehe Grenzen, um zu verhindern, dass sich dieselben Probleme wiederholen, die zum Scheitern der Hoffnung geführt haben.

KAPITEL 11: PAARKONFLIKTE ÜBERWINDEN: DRITTER SCHRITT

Wenn Sie mit einem Konflikt in Ihrer Beziehung konfrontiert sind, der sich zuspitzt, sollten Sie darüber nachdenken, wie Sie Ihre Gefühle ausdrücken oder mit Ihrem Partner über diesen Konflikt sprechen. Eine gute Kommunikation besteht darin, dass jeder sich einbringen kann und versucht, die Haltung des anderen zu verstehen. Der Konflikt wird leichter zu bewältigen sein, wenn wütende Töne und unnötige Beleidigungen ihn nicht noch verschärfen.

Für eine effektive Konfliktkommunikation gibt es drei Regeln, die zu beachten sind:

• Vermeiden Sie es, Ihre Stimme zu erheben und bleiben Sie ruhig, wenn es zu einem Konflikt kommt.

• Lassen Sie Ihren Partner reden und seine Argumente entwickeln, denn zur Kommunikation gehört nicht nur das Reden, sondern auch das Zuhören.

• Finden Sie einen Mittelweg, aber gehen Sie keine Kompromisse ein, die in der Zukunft negative Folgen haben können.

Ein Paar, das sich streitet, aber diese drei Regeln beachtet, wird es leichter haben, eine Lösung zu finden.

Notwendige Maßnahmen zur Überwindung von Paarkonflikten

Beziehungen sind nicht immer einfach, und man lernt ständig dazu. Ist es möglich, die gleichen Fehler nicht zu wiederholen und die eigene Liebesbeziehung zu stabilisieren? Wie können Sie mit Konflikten in Ihren Beziehungen umgehen, ohne zum Fußabtreter zu werden? Befolgen Sie diese Empfehlungen, um die Liebe in einer angeschlagenen Beziehung wiederherzustellen:

• Wenn Sie die Gründe für die Spannungen, die Ihre Beziehung erschüttern, verstanden haben, können Sie zur "direkten" Phase der Versöhnung übergehen. Der erste Schritt kann in der Tat sehr psychologisch sein, denn Sie müssen mit Ihrem Partner kommunizieren.

• Es ist notwendig, mehr technische und durchdachte Maßnahmen zu ergreifen, um das Herz Ihres Partners zu finden und die Krise Ihrer Beziehung zu überwinden.

• Die Maßnahmen, die Sie beschlossen haben, müssen den verschiedenen Problemen entsprechen. Andernfalls werden sie keine besonderen Auswirkungen haben und die Situation vielleicht sogar verschlimmern. Versuchen Sie nicht, eine Lösung zu finden, nur um das Problem zu lösen, sondern um es besser zu machen.

• Geben Sie keiner der beiden Seiten die Schuld. Beziehungen sind eine Teamleistung, und Sie müssen beide voll dabei sein oder gar nicht.

• Wenn Ihr Partner oder Sie selbst sich in Ihrer Beziehung nicht erfüllt fühlen, sollten Sie Zeit miteinander verbringen, um Ihre Probleme besser zu verstehen und um herauszufinden, was Sie beide in Ihrer Beziehung brauchen.

• In jeder Beziehung kommt es früher oder später zu Konflikten. Es ist wichtig zu wissen, dass Meinungsverschiedenheiten nicht unbedingt etwas Schlechtes sind - sie sind ein Mittel, mit dem Menschen ihre unterschiedlichen Ansichten zu einer Situation oder einem Thema zum Ausdruck bringen.

Lösung von Konflikten in gesunden Beziehungen

Kommunikation ist der Treibstoff, der eine Beziehung aufrechterhält. Wenn wir sagen, dass eine Beziehung gesund ist, bedeutet das, dass die Partner Kommunikation schätzen und niemals zulassen, dass ein Mangel an Kommunikation ihre Zweisamkeit beeinträchtigt. Eine gute Möglichkeit, eine gesunde Beziehung zu entwickeln, besteht darin, eine erfolgreiche Konfliktlösung ohne die Einmischung einer dritten Partei zu praktizieren.

Es ist normal, dass man sich in manchen Dingen nicht einig ist; ständige Konflikte sind jedoch ein Zeichen für eine ungesunde Beziehung. Wenn Sie sich also mit Ihrem Partner über triviale Dinge streiten, z. B. darüber, mit welchen Freunden Sie sich treffen, wohin Sie zum Essen gehen oder sich verabreden, und wer welche Aufgaben im Haushalt übernehmen soll, dann sind diese Tipps genau das Richtige für Sie. Sie werden Ihnen helfen, alle Ihre Streitigkeiten gütlich zu lösen.

• **Überschreiten Sie nicht Ihre Grenzen:** Behandeln Sie jeden mit dem Respekt, den er verdient, auch wenn Sie wütend sind. Reagieren Sie nicht wie sonst, wenn Ihr Partner Sie lächerlich macht, Sie beschimpft und während eines Streits provozierende Worte benutzt. Versuchen Sie, nicht zu antworten, sondern ruhig zu bleiben und wegzugehen, wenn Ihr Partner nicht auf Ihre Bitte, aufzuhören, eingeht. Lassen Sie ihn wissen, dass Sie den Streit fortsetzen können, wenn sich die Spannungen gelegt haben.

• **Finden Sie den Kern der Sache:** Ein Streit entsteht nicht einfach so; es muss einen Grund dafür geben. Ein wirksamer Weg zur Lösung eines Konflikts besteht also darin, das eigentliche Problem zu entlarven. Versuchen Sie, Ihren Partner zu verstehen. Vielleicht braucht er besondere Aufmerksamkeit, oder er fühlt sich einfach unsicher. Wenn Sie die Hauptursache für einen Streit kennen, können Sie ihn gütlich lösen. Was ich damit sagen will, ist, dass Sie nicht vor dem wahren Problem zurückschrecken sollten.

• **Lösen Sie Konflikte immer:** Es ist immer in Ihrem besten Interesse, jedes Problem zu lösen, das auftaucht. Tun Sie nie so, als sei alles in Ordnung, wenn Sie etwas in sich aufstauen. Ihr Ziel ist es, eine gesunde Beziehung zu führen, deshalb muss alles offen angesprochen werden. Sie können zwar nicht immer einer Meinung sein, aber Sie müssen die Unterschiede des anderen respektieren.

• **Gehen Sie Kompromisse ein, wenn es nötig ist:** Kompromisse sind eine der Voraussetzungen für eine gesunde Beziehung. Man muss nicht unbedingt jedes Mal einen Streit gewinnen wollen. Es gibt einige Situationen, in denen man loslassen und akzeptieren muss, dass man im Unrecht ist.

• Nehmen Sie **alles zur Kenntnis:** Sie dürfen Ihrem Partner gegenüber nicht gleichgültig sein. Sie sollten sich Zeit nehmen, um die Dinge zu bedenken, die ihn verärgern, und auch überlegen, ob Sie ihn ausnutzen oder rücksichtsvoll genug sind. Aus welchem Blickwinkel betrachtet Ihr Partner die Dinge? Es wäre hilfreich, wenn Sie Antworten auf diese und viele weitere Fragen finden würden, denn sie helfen Ihnen, Ihren Partner besser zu verstehen.

Wenn Sie alle oben genannten Tricks ausprobiert haben und die Streitereien nicht aufhören, sollten Sie sich nun mit der Frage der Kompatibilität befassen. Sind Sie miteinander kompatibel? Wenn die Antwort ja lautet, dann lernen Sie, miteinander zu arbeiten.

Konflikte sind eine Möglichkeit, Ihre Differenzen auszudrücken, aber sie sollten nicht in körperliche Angriffe oder Beschimpfungen ausarten. Das ist niemals akzeptabel und eigentlich das Gegenteil einer gesunden Beziehung. Lassen Sie niemals verbale Beschimpfungen auf beiden Seiten zu und wissen Sie, wann Sie einen Streit beenden müssen, wenn Sie feststellen, dass er in diese Richtung geht.

Denken Sie immer daran, dass eines der Anzeichen für eine ungesunde Beziehung darin besteht, dass ein Partner ein dominantes Verhalten an den Tag legt und versucht, den anderen zu manipulieren oder zu kontrollieren.

Und schließlich sollten Sie darauf achten, was Ihren Partner verärgert. Hier sind einige der Dinge, die Ihren Partner verärgern können:

• Sie finden immer wieder Ausreden, um etwas nicht mit ihnen zu unternehmen (und fragen sich vielleicht, warum Sie das tun)

• Anstatt Zeit mit Ihrem Partner zu verbringen, gehen Sie mit Freunden aus (verbringen Sie gleich viel Zeit mit Ihrem Partner und Ihren Freunden?)

• Sie schenken ihnen nicht Ihre Aufmerksamkeit, wenn sie sprechen

• Sie antworten nicht auf ihre SMS oder ihren Anruf nach einer angemessenen Zeitspanne

Wie Sie Konflikte in Ihren Beziehungen durch Antizipation lösen können

Einen Konflikt in einer Beziehung erfolgreich zu bewältigen, ist eine gute Sache, und für eine Weile kann sich alles rosig anfühlen. Natürlich wird ein anderes Problem auftauchen, aber Sie sollten nicht zulassen, dass diese Krisen zu regelmäßig wiederkehren, denn ständige Konflikte können auf Dauer zur Trennung führen. Streitigkeiten können sich verselbstständigen und zu Auseinandersetzungen führen, die die Beziehung gefährden.

Es wäre hilfreich, wenn Sie sich auf diese Probleme vorbereiten und alles tun würden, um Ihren Partner (und sich selbst) glücklich zu machen, nicht nur in Krisenzeiten, sondern auch im täglichen Leben. Geben Sie dazu in der Beziehung alles, ohne auf den Beginn der Spannungen zu warten. Warten Sie nicht auf die Auseinandersetzungen - nehmen Sie sie vorweg und arbeiten Sie daran, sie zu lösen, bevor sie explodieren, und Sie werden sehen, dass Ihr Partner genauso handeln wird.

Konflikte zwischen Paaren: Es gibt etwas Nützliches

Wir haben soeben verstanden, dass Paarkonflikte in 90% der Fälle nicht zu vermeiden sind, weil die Menschen sowieso unterschiedlich sind und die Partner unterschiedliche Charaktere haben... aber lernen Sie etwas Wichtiges: *Es gibt etwas Nützliches!* Ja, genau, in jedem Konflikt gibt es immer etwas Gutes und Nützliches, das man mitnehmen kann (z.B. eine charakterliche Seite meines Partners, ein Leiden, das mir bis zu diesem Tag verborgen geblieben ist, ein Ziel, das er oder sie mir noch nie gestanden hat, usw.). Diese wertvollen Informationen werden Ihrer Beziehung helfen, denn jeder Konflikt oder Streit kann zu einer Quelle künftiger Hilfe werden. Nach jedem Konflikt lernen sich die Partner besser kennen. Sie werden mehr gegenseitiges Vertrauen aufbauen und können möglichen zukünftigen Konflikten viel besser vorbeugen, einfach weil sie jetzt die zugrunde liegenden Beweggründe kennen, die die vorherigen Konflikte ausgelöst haben, und sie wissen, welches die Charakterseiten oder die Themen sind, die nicht angesprochen werden sollten, um den Partner nicht zu verletzen oder ihn/sie nicht außer Kontrolle geraten zu lassen.

KAPITEL 12: DIE ROLLE DER EMPATHIE IN EINER BEZIEHUNG

Empathie ist im Allgemeinen die Fähigkeit, die Emotionen und Zustände anderer Menschen aus deren Sicht zu erfassen, ohne sich auf das eigene Verständnis zu verlassen. Empathie gibt Ihnen die Fähigkeit, sich vorzustellen, was jemand anderes über etwas denkt. Prosoziales Verhalten, das aus dem Inneren eines Menschen heraus entsteht, ohne dass eine andere Person von außen darauf Einfluss nimmt, ist ein Ergebnis von Empathie. Empathie führt zu einem mitfühlenderen Verhalten.

Manchmal kann man Empathie mit Sympathie verwechseln, aber Sympathie ist das Gefühl der Traurigkeit oder des Mitleids für jemanden, der eine Notlage oder einen Verlust erlebt. Empathie ist das, was das selbstlose Gefühl des Mitgefühls und des Handelns im Namen einer anderen Person fördert. Empathie ist lediglich eine oberflächliche Reaktion auf die unmittelbaren Umstände. Manche Menschen neigen zu der Ansicht, dass Empathie schädliche Auswirkungen auf das Wohlbefinden einer Person haben kann, vor allem, wenn sie übertrieben wird. Wenn man eine Entscheidung auf der Grundlage seiner Gefühle oder seines Herzens trifft, anstatt sie mit dem Kopf oder dem Verstand zu treffen, sind diese Entscheidungen irrational, weil die Empathie die Kontrolle ausübt.

Einfühlungsvermögen

Empathie ist eine der Emotionen, die tief in unserem Körper und Gehirn verwurzelt sind. Empathie wird mit zwei Bahnen im Gehirn in Verbindung gebracht, wobei Wissenschaftler sie auf Spiegelneuronen zurückführen. Bei den Spiegelneuronen handelt es sich um die Zellen im Gehirn, die feuern, wenn man eine andere Person bei einer bestimmten Handlung beobachtet, und zwar in der gleichen Weise, wie sie feuern würden, wenn man selbst die gleiche Handlung ausführen würde. Einfühlungsvermögen ist keine Garantie dafür, dass Sie die Notwendigkeit sehen, jemandem zu helfen, obwohl es der erste wichtige Schritt ist, den Sie auf dem Weg zu einer mitfühlenden Handlung machen.

Man könnte Empathie mit einer guten Antwort oder einer einzigen Art von Reaktion verwechseln, aber laut Forschung wird Empathie in diese drei Typen unterteilt:

Kognitive Empathie

"Geh eine Meile in den Schuhen eines anderen, und du wirst ihn verstehen" ist ein altes Sprichwort, das die Bedeutung von Empathie für viele Menschen zu umfassen scheint, aber das ist kognitive Empathie. Kognitiv zu sein bedeutet, zu denken oder zu wissen. Kognition ist der Prozess, bei dem Sie bewerten, analysieren und wissen, was Ihr Partner durchmacht, weil Sie sich durch Ihr Wissen mit der Situation identifizieren können. Man kann dies als eine Art von Empathie bezeichnen, weil man sich mit der Situation identifizieren kann, weil man sich wahrscheinlich schon einmal in einer ähnlichen Situation befunden hat. Kognitives Einfühlungsvermögen erkennen Sie häufig daran, dass Sie mit Ihrem Partner sprechen und er oder sie sagt: "Das habe ich auch schon erlebt. Kognitive Empathie ist ebenfalls ein perspektivisches Gefühl, da sie in hohem Maße auf Ihren früheren Erfahrungen beruht. Allerdings ist die kognitive Empathie oft ein Manipulationstrick, der nicht unbedingt eine mitfühlende Reaktion auf die Situation des anderen ist. Die Reaktion auf kognitive Empathie kann positiv oder negativ ausfallen.

Emotionales Einfühlungsvermögen

Wenn Sie nachempfinden können, was jemand anderes fühlt, obwohl Sie das Gleiche noch nie erlebt haben, aber darüber Bescheid wissen, dann spricht man von emotionaler Empathie. Wenn Sie von einem bestimmten Schmerz hören, dann identifizieren Sie sich mit diesem Schmerz, weil Sie wahrscheinlich jemanden in einer ähnlichen Situation gesehen haben. Spiegelneuronen sind für die Steuerung der emotionalen Empathie verantwortlich. Sie spiegeln das, was Sie bei einer anderen Person sehen, und stellen sich vor, dass es auch Ihnen passieren könnte, und dann empfinden Sie Empathie.

Mitfühlendes Einfühlungsvermögen

Mitfühlendes Einfühlungsvermögen ähnelt dem kritischen Wort "Mitleid". Wenn Sie Mitgefühl für jemanden oder etwas empfinden, entsteht eine Besorgnis, die Sie auf die nächste Ebene bringt, nämlich die Absicht, das Problem zu mildern. Mitfühlende Empathie ist die beste Form der Empathie. Wenn Ihr Partner um Mitgefühl bittet, geht es ihm nicht nur um kognitives Mitgefühl oder darum, dass Sie seinen Schmerz spüren, emotional werden und in Tränen ausbrechen (emotionales Mitgefühl). Was Ihr Partner sucht, ist die Befriedigung seines Bedürfnisses nach Verständnis. Haben Sie Mitgefühl mit Ihrem Partner und ergreifen Sie entscheidende Maßnahmen, um ihm zu helfen, das Problem zu lösen.

Die Bedeutung von Empathie in einer Beziehung

Streitigkeiten zwischen Paaren sind nichts Ungewöhnliches; bei manchen geht es so weit, dass sie sich nicht mehr verstehen. Meinungsverschiedenheiten können wegen wichtiger Familienentscheidungen auftreten, z. B. wie viele Kinder man haben möchte. Aber auch bei einfacheren Fragen wie der Frage, wo man wohnen soll, oder bei so simplen Dingen wie der Frage, was es zum Abendessen geben soll. In solchen Fällen müssen Sie sich in die Lage Ihres Partners versetzen. Versuchen Sie, sich in seine oder ihre Perspektive hineinzuversetzen, und prüfen Sie, ob es auch für Sie Sinn macht. Es ist hilfreich, wenn Sie die Angelegenheit besprechen und abschließen können, ohne den Plan der Absicht zu teilen. Konzentrieren Sie sich darauf, die Kluft zu überbrücken und Ihre Differenzen zu überwinden.

Einfühlungsvermögen ist eine Eigenschaft, die Ihnen wirklich hilft zu lernen, wie Sie Ihrem Partner maximale Aufmerksamkeit schenken können. Wenn Sie lernen, sich in Ihren Ehepartner einzufühlen, können Sie ihn oder sie mit der richtigen Menge an Aufmerksamkeit und Liebe überschütten. Wenn Sie sich in die Lage Ihres Partners hineinversetzen, können Sie sich in seine oder ihre Situation hineinversetzen. Sie lassen Sie vielleicht glauben, dass es ihnen gut geht, vor allem wenn sie einen gut bezahlten Job haben, aber wenn Sie ihnen gegenüber einfühlsam sind, bekommen Sie einen Einblick in ihr Leben und in das, was sie von Ihnen erwarten.

Empathie bringt auf einzigartige Weise das Beste in jemandem zum Vorschein, und wenn dies geschieht, kommt nicht nur das Beste in ihm oder ihr zum Vorschein, sondern das Beste in Ihnen beiden. Wenn Sie das Verhalten Ihres Partners verstehen und wissen, wie er an die Herausforderungen des Lebens herangeht, haben Sie die maximale Kontrolle über seine Welt.

Wenn Sie als Paar die Kontrolle über die Welt Ihres Partners haben, ist das eine positive Sache, und noch besser ist es, wenn Sie beide die Welt des anderen kontrollieren.

Mitgefühl ist etwas, das man in die Praxis umsetzt, wenn man die Welt mit den Augen eines anderen sehen kann. Ein gutes Beispiel ist, wenn Ihr Partner in einem Unternehmen arbeitet. Je nach Beruf ist er oder sie unterschiedlichen Herausforderungen und Belastungen ausgesetzt. Wenn Sie die Dinge aus ihrer Perspektive sehen können, bekommen Sie eine Vorstellung davon, wie die Dinge sind oder warum Ihr Partner so ist, wie er ist. Mit einem solchen klaren Verständnis versuchen Sie als Ehepartner, die Welt für ihn oder sie zu verbessern, weil Sie sich kümmern und mitfühlend sind. Wenn Ihr Partner glücklich ist und sich wohl fühlt, ist es fast greifbar, dass auch Sie glücklich sind und sich wohl fühlen.

Bei der Praxis der Empathie geht es darum, zu lernen, in den Schuhen des Partners zu laufen. Wenn Ihr Partner bei jeder sich bietenden Gelegenheit über die Arbeit jammert, möchte er nur, dass Sie den Druck verstehen, unter dem er steht. Es ist ratsam, dass Sie sich als Ehemann eine Weile vorstellen: Sie sind wunderschön in Ihren Stöckelschuhen und sehen schick aus, und dann müssen Sie in dieser Sitzung sitzen, in der Sie unter großem Druck stehen. Wenn Ihr Mann das verstehen kann, dann sollte er das versuchen, wenn Sie nach Hause kommen, sollte Druck das letzte sein, was er Ihnen anbietet. Ein weiteres gutes Beispiel ist der Fall, dass Ihr Mann in einem Steinbruch arbeitet. Der Steinbruch ist ein sehr staubiger Ort und eine sehr anstrengende Arbeit. Wenn der Mann in einem solchen Fall mit kleinen Einkäufen nach Hause kommt, sollten Sie als Ehefrau das zu schätzen wissen. Ein schmutziges, staubiges Haus ist eine weitere Sache, die man vermeiden sollte, weil der Mann fast den ganzen Tag im Staub gestanden hat.

Die Arbeit an den eigenen Schwächen ist der andere wichtige Aspekt der Empathie in einer Beziehung, denn so lernen Sie beide, dass es nicht nur um Sie geht. Alles hat zwei Seiten, genau wie eine Münze, und das gilt auch für die Ehe. Durch Einfühlungsvermögen lernen Sie, die Dinge aus der Perspektive Ihres Partners zu sehen. Sie erfahren, warum Ihr Partner sich über etwas ärgert oder warum er sich über etwas Bestimmtes freut, und können so Ihre Schwächen erkennen und an ihnen arbeiten. Wenn Sie etwas tun, das Ihren Partner verärgert, ist es gut, wenn Sie erkennen, dass diese Handlung Ihren Partner nicht glücklich macht, so dass Sie sich bemühen, an diesen Gewohnheiten zu arbeiten und ein viel besserer Mensch zu werden.

Durch Einfühlungsvermögen ist es unvermeidlich, Geduld zu entwickeln. Manchmal kann es passieren, dass man überreagiert und die Beherrschung verliert, nur weil man die Dinge falsch sieht. Empathie hilft Ihnen, Ihre Kämpfe weise zu wählen, denn nicht alles muss Ihre Reaktion erfordern, vor allem, wenn Sie es aus der Sicht Ihres Ehepartners betrachten. Ein gutes Beispiel dafür ist, wenn Sie ein Abendessen kochen und, weil Sie experimentierfreudig sind, ein neues Rezept ausprobieren wollen. Ihr Mann sagt Ihnen dann, dass er lieber das essen möchte, was Sie gestern zubereitet haben, weil das, was Sie zubereitet haben, nicht sehr hilfreich ist. Als Ehefrau haben Sie die Wahl, dies als etwas Negatives zu betrachten. Sie können sagen: "Nach all meinen Bemühungen weiß dieser Mann das nicht einmal zu schätzen." Betrachten Sie es stattdessen aus seiner Perspektive: Ihr Mann versucht höflich, Ihnen mitzuteilen, dass das Abendessen, das Sie servieren, nicht besonders gut ist, und dass er lieber etwas anderes essen möchte, als hungrig zu schlafen. Ihr Mann weiß, dass Sie müde sind, also zieht er es vor, sich nicht die Mühe zu machen und etwas anderes zuzubereiten, sondern ihm das zu servieren, was gerade verfügbar ist. Es ist in Ordnung, ein neues Rezept auszuprobieren, aber denken Sie daran, dass die Menschen unterschiedliche Vorlieben in Bezug auf Geschmack und Essen haben, also sollten Sie nicht aufbrausen, weil das, was Sie gekocht haben, Ihrem Mann nicht schmeckt.

Wie man Empathie aufbaut

Empathie ist wie eine Kraft, die für Ordnung und Zusammenarbeit sorgt, wenn Menschen zusammenarbeiten. Sie ist ein Wegbereiter für Intimität, Vertrauen und Zugehörigkeit, weil sie es Ihnen ermöglicht, Ihren Partner gut zu verstehen und sich auf ihn einzulassen. Empathie führt zu Schuldgefühlen, wenn Sie ein Auge zudrücken, wenn Ihr Partner unter einer Situation leidet. Empathie kommt nicht nur der anderen Person zugute, sondern auch Ihnen selbst; sie schafft eine Erfahrung von Freude und Glück. Wenn Empathie aus Güte entsteht, fördert sie die Zusammenarbeit, die Vergebung, stärkt die Beziehungen, verringert Aggressionen und das Urteilsvermögen und verbessert so die geistige und körperliche Gesundheit. Wenn man glücklich ist, nimmt man die negativen Emotionen anderer Menschen, die sich selbst als einfühlsamer einschätzen, weniger wahr. Empathie ist, wenn sie in die Praxis umgesetzt wird, wie jede andere Tugend.

KAPITEL 13: MISSVERSTÄNDNISSEN VORBEUGEN: VIERTER SCHRITT

Missverständnisse sind oft einer der Hauptgründe für das Scheitern von Beziehungen. Dabei kann es sich um jede Art von Beziehung handeln - eine Beziehung zu Ihrem Partner, zu Ihren Freunden, Kollegen oder sogar zu Ihrer Familie. Aber wenn Sie sich bemühen, können Sie solche Missverständnisse in der Regel vermeiden oder sie zumindest einvernehmlich lösen. Wenn Ihre Beziehung frei von Missverständnissen ist, werden Sie Ihren Seelenfrieden finden und mit Ihrem Partner viel glücklicher sein.

Es gibt nur sehr wenige Menschen, die von sich behaupten können, dass sie in ihrem Leben noch nie ein Missverständnis erlebt haben. Missverständnisse sind recht häufig, und fast jeder ist irgendwann einmal davon betroffen. Ein Missverständnis kann dazu führen, dass man sich verwirrt und verzweifelt fühlt. Es kann sich auf Ihr seelisches Gleichgewicht auswirken und Ihre Beziehung zu der Person, die an dem Missverständnis beteiligt ist, beeinträchtigen. Wenn diese Person Ihr Partner ist, kann das Missverständnis besonders schädlich sein. Ganz gleich, wie stabil und fest Ihre Beziehung normalerweise ist, ein Missverständnis kann sie aus dem Gleichgewicht bringen. Einige unglückliche Menschen haben die Beziehung zu ihrem Partner wegen eines einzigen Missverständnisses abgebrochen. Können Sie sich nun ein Bild davon machen, wie bedeutsam Missverständnisse sein können und warum Sie sie vermeiden sollten?

Was ist also ein Missverständnis? Wenn Sie sich das Wort selbst ansehen, werden Sie feststellen, dass es sich um das Versagen handelt, etwas richtig zu verstehen oder zu begreifen. Ein Missverständnis hat nichts Richtiges an sich. Es bedeutet, dass man eine Situation, eine Person oder die Bedeutung hinter ihren Handlungen nicht richtig verstanden hat. Auch ein Streit oder eine Meinungsverschiedenheit ist manchmal ein Missverständnis. Es ist eine Fehlinterpretation oder Verzerrung der Realität. Aus diesem Grund hinterlassen Missverständnisse einen falschen Eindruck in der Wahrnehmung einer Person. Wenn Sie die Worte oder Handlungen von jemandem falsch verstehen, handelt es sich um ein Missverständnis. Sie sind sich dessen vielleicht nicht bewusst, aber Sie haben Ihren Partner wahrscheinlich auch schon oft missverstanden. Vielleicht hat er dasselbe auch schon getan. Der Nachteil ist, dass dies ein echter Grund für Probleme in Ihrer Beziehung sein kann und wahrscheinlich einer der Hauptgründe dafür ist, dass Sie beide am Ende streiten oder sich übereinander ärgern.

Ein Missverständnis entsteht nicht immer direkt durch die Art und Weise, wie Sie mit einer Person kommunizieren. Auch ein Mangel an Kommunikation kann es verursachen. Was Sie sagen, wie Sie sich verhalten, wie Sie sich bewegen, oder sogar alles, was Sie nicht tun, kann zu Missverständnissen in Ihrer Beziehung führen. Wenn Sie sich beispielsweise einen ganzen Tag lang nicht bei Ihrem Partner melden, könnte er das missverstehen und annehmen, dass Sie sich nicht um ihn kümmern. Der wahre Grund könnte sein, dass Sie Ihr Telefon verloren haben, krank geworden sind oder zu beschäftigt waren. Diese kleinen Missverständnisse können unnötigen Ärger im Paradies verursachen. Aber im Allgemeinen ist ein Missverständnis ein Kommunikationsfehler und nicht gleichbedeutend mit einem Mangel an Kommunikation. Missverständnisse können einseitig sein oder sogar auf Seiten beider Partner liegen. Es kann sein, dass Sie beide den anderen missverstehen und eine Situation so interpretieren, dass sie in Wirklichkeit keinen Anlass zu Missverständnissen gibt.

Wie kommt es zu Missverständnissen?

Es gibt verschiedene Gründe, die zu Missverständnissen zwischen Ihnen und Ihrem Partner führen können. Im Folgenden sind einige der häufigsten Ursachen aufgeführt:

- Die Worte werden falsch und anders interpretiert als das, was die andere Person ausdrücken wollte.
- Etwas wird nicht richtig vermittelt oder erklärt, und die andere Person versteht es nicht.
- Sie haben Vorurteile und feste Vorstellungen im Kopf, die Sie daran hindern, eine unvoreingenommene Interpretation vorzunehmen.
- Frühere Verhaltensweisen oder Fälle werden als Referenz herangezogen, und Ihre Meinung basiert auf ihnen und nicht auf der Gegenwart.
- Eine dritte Person beeinflusst Ihre Gedanken und Meinungen. Sie kann Sie dazu bringen, die Dinge aus ihrer Sicht zu sehen, und es kann sein, dass Sie die Dinge nicht mit Klarheit sehen.
- Sie schätzen eine Situation oder eine Person falsch ein.
- Sie verkennen den Kontext der Angelegenheit.
- Sie misstrauen der anderen Person bereits.
- Es gibt Gefühle von Neid oder Eifersucht.
- Es mangelt an Selbstwertgefühl oder Selbstvertrauen.
- Sie lassen sich von Ihren Gefühlen mitreißen.

Es gibt viele andere Gründe, die dazu führen können, dass Sie oder Ihr Partner sich missverstehen. Meistens ist es jedoch so, dass einer von Ihnen etwas annimmt oder zu emotional wird und die Situation nicht mit Klarheit betrachtet. In solchen Fällen haben die Annahmen, die Sie treffen, selten einen gerechtfertigten Grund und sind eine Projektion Ihrer Gefühle oder Gedanken.

Missverständnisse können auf so viele verschiedene Arten entstehen. Heutzutage gibt es mehr Missverständnisse, weil die virtuelle Welt immer wichtiger wird. Es gibt so viele Missverständnisse und Fehlinterpretationen der Realität aufgrund von Texten, Bildern usw. Was man sieht, lässt einen oft sofort auf etwas schließen. Wenn Sie etwas lesen, denken Sie vielleicht an einen anderen Tonfall als den, den die Person beabsichtigt hat, um es zu schreiben. Die Person, die diese Art von Nachrichten und Texten sieht oder empfängt, geht in der Regel von Vermutungen aus, wenn sich der Absender nicht klar ausdrücken kann. Solche Mutmaßungen führen zu Missverständnissen. Aus diesem Grund betonen wir die Bedeutung von Gesprächen von Angesicht zu Angesicht.

Wie lassen sich Missverständnisse vermeiden?

Es ist seit langem bekannt, dass gute Beziehungen auf guter Kommunikation beruhen. Kommunikation ist wichtig, denn nur durch Gespräche und gegenseitige Offenheit können zwei Menschen die Bindung, die sie zueinander haben, wirklich ausbauen. Wir stellen jedoch immer wieder fest, dass das Ende einer im Allgemeinen starken und fröhlichen Beziehung in Misskommunikation und Missverständnissen besteht. Eine Sache kann gesagt und auf eine ganz andere Art und Weise gesehen werden, als sie eigentlich gemeint war. Dies kann in der

Regel zu sinnlosen Streitereien führen, die jedes Gefühl von Nähe und Zuneigung in einer Beziehung zunichte machen.

Deshalb sollten Sie sich bemühen, regelmäßig eine achtsame Kommunikation mit Ihrem Partner zu praktizieren. Sie beide sollten sich bemühen, sinnvolle Gespräche zu führen, die Ihnen helfen, einander gegenüber transparent zu sein. Sie sollten sich immer bemühen, alles mitzuteilen, was Ihnen gerade durch den Kopf oder das Herz geht. In der Zwischenzeit müssen Sie Ihrem Partner den Raum und die Gelegenheit geben, die er braucht, um ebenfalls gut mit Ihnen zu kommunizieren. Sie sollten sich bemühen, Ihrem Partner immer aufmerksam zuzuhören. Sie müssen sich konzentrieren und wirklich zuhören, was er Ihnen mitteilen will. Denken Sie daran, dass es bei der Kommunikation nicht nur darum geht, das zu sagen, was Sie zu sagen haben. Es geht um den ständigen Austausch von Gedanken und Gefühlen zwischen zwei Partnern in einer Beziehung. Es geht darum, die Gedanken und Gefühle des Partners zur Kenntnis zu nehmen und zu versuchen, die Dinge aus seiner Sicht zu sehen.

Schließlich sind wir alle nur Menschen, und wir neigen immer dazu, von Zeit zu Zeit Fehler zu machen. Das ist in Ordnung. Das ist ganz normal. Dennoch müssen wir in diesen Fällen von Unzulänglichkeiten unser Bestes geben und die entsprechenden Maßnahmen ergreifen, um unsere Fehler zu korrigieren.

Wenn Sie und Ihr Partner mit Missverständnissen in Ihrer Beziehung zu kämpfen haben, finden Sie es vielleicht verwirrend und beunruhigend, wie Sie diese ausräumen können. Vielleicht haben Sie Ihren Partner aufgrund eines Missverständnisses verletzt, oder Ihr Partner hat Sie verletzt, und Sie versuchen, damit fertig zu werden. Wenn Sie herausfinden, wie Sie mit demjenigen, den Sie schätzen, sprechen können, und sich auf die Bedeutung hinter den Worten des anderen einstellen, können Sie eine umso befriedigendere Beziehung genießen.

Aufmerksam zu sein und dem Partner zuzuhören ist wichtig, um Missverständnisse auszuräumen, die Ihre Beziehung negativ beeinflussen. Warten Sie nicht einfach darauf, dass eine Person aufhört zu reden, um Ihren Beitrag zu leisten, sondern konzentrieren Sie sich auf das, was er oder sie sagt. Zuhören ist eine wichtige Fähigkeit, um eine gesunde Beziehung aufzubauen und aufrechtzuerhalten. Sie sollten zuhören, anstatt sich darauf zu konzentrieren, wie Sie reagieren müssen, um zu argumentieren, was Ihr Partner sagt.

Legen Sie gemeinsame Erwartungen in Ihrer Beziehung fest, um spätere Probleme zu vermeiden. Sie können sich zum Beispiel auf die Atmosphäre einigen, die Sie zu Hause schätzen, oder auf die Grenzen in Bezug auf frühere Beziehungen. Außerdem ist es hilfreich, zu wissen, wie Sie Ihren Partner am besten ansprechen, wenn es um heikle Themen geht, um Missverständnissen vorzubeugen. Sie werden feststellen, dass die meisten Paare nicht die Gewohnheit haben, ihre Bedürfnisse und Wünsche zu formulieren, was ein Nachteil ist.

E-Mails und Nachrichten sind zwar gängige Kommunikationsmethoden, aber sie können in einer Beziehung zu Missverständnissen führen. Es ist schwierig, sich in den Partner hineinzuversetzen, wenn man nicht einmal sein Gesicht sehen oder ihm in die Augen schauen kann. Für den Fall, dass Ihr Partner falsch einschätzt, was Sie in einer E-Mail oder Sofortnachricht wirklich gemeint haben, sollten Sie für sich selbst einstehen und klarstellen, dass Sie die Nachricht, die Sie übermitteln wollten, nicht zu Ende gelesen haben, da es nur ein kurzer Text war. Wenn diese Art von Problemen regelmäßig auftritt, sollten Sie beide beschließen, nicht mehr über elektronische Medien zu kommunizieren. Sollte dies nicht möglich sein, achten Sie darauf, Ihre elektronische Kommunikation kurz zu halten und keine wichtigen Lebensfragen in einer Sofortnachricht anzusprechen. Sie sollten sich nicht streiten oder sich wegen Texten oder sozialen Medien trennen.

Wenn Ihr Partner etwas tut, das Sie verwirrt, oder etwas sagt, das Sie verletzt, urteilen Sie nicht vorschnell über die Bedeutung seiner Worte. Vielleicht wollte er etwas anderes sagen, hat es aber nicht richtig ausgedrückt. Nehmen Sie bewusst das Beste von Ihrem Partner an. Gehen Sie lieber ein paar Schritte zurück und fragen Sie ihn, was er mit seiner Äußerung gemeint hat, anstatt mit Groll auf eine seiner Aussagen zu reagieren. Indem Sie keine voreiligen Urteile fällen, können Sie Missverständnisse in Ihrer Beziehung ausräumen und gleichzeitig herausfinden, wie Sie einander in einem positiveren Licht sehen können.

KAPITEL 14: DIE UNTERSCHIEDE VERRINGERN: FÜNFTER SCHRITT

Sie sollten eines wissen: Charakterliche Unterschiede sind eine Ressource für Ihre Beziehung! Ja, das ist richtig... die Unterschiede machen uns einzigartig und bringen uns dazu, die Menschen um uns herum tief zu entdecken.

Erleben Sie eine Reihe von gescheiterten Beziehungen, während die Menschen um Sie herum alle glücklich und zufrieden in ihren Ehen zu sein scheinen? Haben Sie sich jemals gefragt, was sie anders machen? Vielleicht haben Sie jetzt einen Partner gefunden, mit dem Sie das Gefühl haben, eine Zukunft aufbauen zu können, und Sie möchten Ihr Bestes tun, damit die Beziehung hält.

Wir haben einen Blick auf Verhaltensweisen geworfen, die Beziehungen schaden können, aber was ist mit den Verhaltensweisen, die sie stärken? Was sind die Geheimnisse jener Paare, die ihre Beziehung zwanzig, dreißig, vierzig Jahre oder länger halten konnten? Muss man einfach nur lernen, die schwierigen Verhaltensweisen des Partners zu ertragen? Oder steckt da viel mehr dahinter?

Paartherapeuten sind sich einig, dass es mehrere wichtige Merkmale in erfolgreichen Beziehungen gibt, die alle Paare anstreben sollten. Schauen wir uns das mal an:

Einander verzeihen

Die Fähigkeit, dem Partner frei zu verzeihen, ist eine der wichtigsten Fähigkeiten, die es zu entwickeln gilt, wenn es darum geht, unsere Beziehung zu verbessern.

Aber was genau bedeutet es, tief und frei zu vergeben? Viele von uns haben noch nie darüber nachgedacht, was Vergebung bedeutet. Wir denken dabei an ein vages Konzept des Loslassens von Unrecht, das uns angetan wurde, des Vergessens und des Weitermachens. Aber bei echter Vergebung geht es um weit mehr als nur darum, weiterzumachen. Zu echter Vergebung gehört, dass man das Unrecht, das einem angetan wurde, loslässt und den Schmerz, den es verursacht hat, durch etwas Positives ersetzt, z. B. durch Verständnis, Einfühlungsvermögen, Mitgefühl und - im Falle unserer Ehepartner - durch tiefe Liebe.

Viele von uns glauben fälschlicherweise, dass jemandem zu verzeihen bedeutet, dass er mit dem, was er uns angetan hat, davonkommt. Aber das ist einfach nicht der Fall. Jemandem zu vergeben bedeutet nicht, dass wir auf unser Bedürfnis nach Gerechtigkeit, einer Entschuldigung oder Versöhnung verzichten. Vergebung ist von diesen drei Dingen getrennt.

Ein weiterer weit verbreiteter Irrglaube ist, dass Vergebung ein Zeichen von Schwäche ist, doch das ist nicht der Fall. Wahre Vergebung kann ungeheuer schwer zu geben sein und erfordert ein hohes Maß an innerer Stärke. Ich bin sicher, Sie werden mir zustimmen, dass dies alles andere als Schwäche ist.

Man geht davon aus, dass Vergebung aus zwei Elementen besteht: der Entscheidung und der Emotion. Entschiedene Vergebung tritt ein, wenn wir uns bewusst von einem Gefühl der Feindseligkeit gegenüber einer Person zu dem Wunsch bewegen, dass es ihr gut geht. Wir wünschen uns nicht mehr, dass jemandem, der uns verletzt hat, etwas Schlimmes zustößt - ein wichtiger erster Schritt auf diesem Weg. Dieser Schritt ist meist der am leichtesten zu bewältigende Teil der Vergebung.

Aber die emotionale Vergebung geht viel tiefer. Diese Art der Vergebung findet statt, wenn wir uns aktiv von den negativen Gefühlen, die das Fehlverhalten in uns hervorgerufen hat, lösen und sie durch weitaus positivere Gefühle ersetzen können. Dieser Teil der Vergebung braucht oft Zeit, denn es liegt in der menschlichen Natur, bei negativen Gefühlen zu verweilen, und selbst wenn wir das Gefühl haben, dass wir sie überwunden haben, neigen sie dazu, zurückzukehren, wenn wir es am wenigsten erwarten. Dies ist besonders dann der Fall, wenn unser Ehepartner ein schweres Vergehen gegen uns begangen hat, z. B. wenn er gelogen hat oder uns untreu war. Manchmal kann schon der kleinste Auslöser dazu führen, dass wir uns an Ereignisse erinnern, von denen wir dachten, wir hätten sie überwunden.

Wenn Sie Ihrem Partner sein Fehlverhalten verzeihen, sendet das auch eine starke Botschaft aus. Damit machen Sie ihm klar, dass Sie wissen, dass er Sie nicht absichtlich verletzen wollte, da zwischen Ihnen Liebe herrscht. Dies ist ein wichtiger Schritt, damit sich Ihre Beziehung erholen kann.

Ihrem Partner ein Kompliment machen

Wenn Sie Ihrem Partner regelmäßig Komplimente machen, können Sie auf einfache Weise zeigen, was Sie an Ihrem geliebten Menschen schätzen. Es trägt zu einem positiven Selbstwertgefühl Ihres Partners bei und lenkt den Blick auf all das, was an Ihrer Beziehung gut ist.

Aber auch wenn es großartig ist, Ihrem Partner Komplimente zu machen, wenn Sie beide allein sind, kann die Beziehung gestärkt werden, wenn Sie diese positiven Bemerkungen vor anderen machen. Dabei muss es sich nicht um eine protzige Erklärung all dessen handeln, was an Ihrem Ehepartner wunderbar ist. Einfache Sätze wie "Mein Mann hat gestern Abend ein tolles Essen gekocht" oder "Sie geht immer ans Telefon, wenn ich anrufe" können viel dazu beitragen, die Nähe und das Gefühl der Wertschätzung in einer Beziehung zu erhalten.

Konzentration auf das Positive

Alle Beziehungen haben ihre Höhen und Tiefen, selbst die stärksten und liebevollsten Beziehungen. Aber damit eine Beziehung glücklich und erfolgreich ist, müssen die positiven Momente die negativen überwiegen. Erfolgreiche Paare haben es sich zur Gewohnheit gemacht, die positiven Aspekte ihrer Beziehung hervorzuheben. Sie bedanken sich füreinander für nette Worte oder Taten, machen sich gegenseitig Komplimente und beglückwünschen sich gegenseitig zu ihren Erfolgen.

Gleichermaßen sind Paare stärker, wenn sie viel lachen. Dies ist eine starke Eigenschaft, die dazu beiträgt, dass das Leben nicht durch Stressfaktoren belastet wird. Natürlich werden alle Paare im Laufe ihres Lebens mit ernsten Problemen konfrontiert, aber die Fähigkeit, Herausforderungen mit Humor zu begegnen, kann ein großer Vorteil sein.

Gegenseitiges Verständnis für die Unterschiede der anderen

Meistens sind die Risse, die in einer Beziehung entstehen, das Ergebnis zweier gegensätzlicher Persönlichkeitstypen. Wir können das Verhalten unseres Partners leicht als Versuch interpretieren, einen Konflikt zu verursachen oder einen Streit anzufangen. Meistens entstehen Meinungsverschiedenheiten jedoch, weil unterschiedliche Persönlichkeiten Situationen auf unterschiedliche Weise angehen. Etwas, das wir als normalen Teil unseres täglichen Verhaltens ansehen, kann unseren Partner in den Wahnsinn treiben; zum Beispiel, wenn ein Partner, der es gewohnt ist, unordentlich zu sein, seine Kleidung am Ende des Tages nicht wegräumt. Der ordentliche Partner könnte dies als absichtliche Faulheit oder Respektlosigkeit des geliebten Menschen missverstehen, während es für den unordentlichen Partner lediglich eine unbewusste Reaktion ohne tieferen Grund war.

Erfolgreiche Paare investieren Zeit, um zu verstehen, wer ihr Partner ist, was ihn antreibt, was ihn ärgert und was ihm wichtig ist. Wenn wir ein tieferes Verständnis für die Persönlichkeitsmerkmale unseres Partners entwickeln, fällt es uns leichter, Konflikte zu vermeiden und mit Meinungsverschiedenheiten effektiver umzugehen, wenn sie auftreten.

Interesse am Leben des anderen bekunden

Sie und Ihr Partner müssen zwar unabhängige Interessen haben, aber eines der Merkmale erfolgreicher Paare ist die Fähigkeit, Interesse am Leben des Partners zu zeigen. Dazu gehören Bereiche wie Beruf, Freundschaften, Familie und Hobbys. Stellen Sie regelmäßig Fragen und hören Sie sich die Antworten aufmerksam an.

Dies trägt auch dazu bei, Ihrem Partner zu versichern, dass Sie mit dem Teil seines Lebens, an dem Sie nicht beteiligt sind, einverstanden sind.

Einander wissen lassen, wann sie zu Hause sein werden

Natürlich wird es in jeder gesunden Beziehung Zeiten geben, in denen die Paare getrennt sind. Eine einfache Eigenschaft, die viele erfolgreiche Paare gemeinsam haben, ist, dass sie ihren Partner immer wissen lassen, wann sie ihn zu Hause erwarten. Auch wenn es unbedeutend oder unnötig erscheinen mag, trägt die einfache Handlung, den Partner anzurufen oder ihm eine SMS zu schicken, um ihm mitzuteilen, wann er wieder da ist, dazu bei, ein Gefühl des Vertrauens und der Sicherheit in der Beziehung zu schaffen, und hilft, Ängste und Sorgen zu vermeiden.

Miteinander flirten

Flirten ist einer der Schlüssel zur Aufrechterhaltung eines aktiven Sexuallebens und einer liebevollen Beziehung außerhalb des Schlafzimmers. Sogar - und besonders - für Paare, die schon viele Jahre zusammen sind, ist Flirten ein wirksames Mittel, um die Anziehungskraft auf den Partner zu zeigen und den Funken am Leben zu erhalten. Wenn das Flirten nicht mehr vorhanden ist, besteht die Gefahr, dass die Beziehung schal und langweilig wird, sowohl im als auch außerhalb des Schlafzimmers.

Kämpfen Sie nicht schmutzig

Alle Paare streiten, selbst die stärksten. Diejenigen, die in einer erfolgreichen Beziehung leben, stellen jedoch sicher, dass sie, wenn die Lage angespannt ist, nicht zu Beschimpfungen, Herabsetzungen oder dem Ausgraben der Vergangenheit greifen. Selbst wenn Sie und Ihr Partner nicht einer Meinung sind, ist gegenseitiger Respekt der Schlüssel.

Gemeinsame und individuelle Interessen entwickeln

Erfolgreiche Paare haben zwar viele Gemeinsamkeiten, aber auch ihre eigenen Interessen. Um als Paar erfolgreich zu sein, ist es wichtig, sich Zeit für gemeinsame Hobbys und Leidenschaften zu nehmen, aber genauso wichtig ist es, dem anderen Raum zu geben, seinen Interessen nachzugehen.

Um Ihre gemeinsamen Interessen zu entwickeln, sollten Sie sich überlegen, was Sie an Ihrem Partner fasziniert hat. Höchstwahrscheinlich gibt es einige Gemeinsamkeiten, die sich zu gemeinsamen Hobbys entwickeln können - wenn sie es nicht schon getan haben. Diese Interessen können so einfach sein wie das gemeinsame Anschauen eines Films oder so komplex wie die Begleitung auf die Reise Ihres Lebens. Das Teilen von Interessen und Hobbys mit Ihrem Partner ermöglicht es Ihnen, neue Kontakte zu knüpfen und neue Erinnerungen an Ihr gemeinsames Leben zu schaffen.

Und wenn es um individuelle Interessen geht, schaffen erfolgreiche Paare Raum für die einzigartigen Hobbys und Leidenschaften des anderen. Sie zeigen Interesse an den Leidenschaften des anderen, stellen Fragen und hören sich die Antworten aktiv an.

Zur gleichen Zeit ins Bett gehen

Unterschiedliche Zeitpläne und Schlafgewohnheiten können dies für viele Paare zu einer Herausforderung machen. Um Ihre Beziehung zu stärken, sollten Sie versuchen, sich darauf einzustellen, dass Sie und Ihr Partner mehrmals pro Woche zur gleichen Zeit ins Bett gehen können. Der Haut-zu-Haut-Kontakt und das Einschlafen nebeneinander sind unglaublich effektiv, um das Band einer Beziehung zu stärken.

Sich Zeit nehmen für Kontakte

Umgekehrt nehmen sich erfolgreiche Paare Zeit, um sich wirklich zu verbinden, egal wie hektisch das Leben ist und egal, was in der übrigen Welt - oder in den sozialen Medien - vor sich geht. Diese Momente der Verbundenheit können so einfach sein wie ein Spaziergang, ein Gespräch beim Abendessen oder sogar der gemeinsame Abwasch. Nicht die Aktivität ist wichtig, sondern die Tatsache, dass man sich eine bestimmte Zeit für das Zusammensein nimmt.

KAPITEL 15: GEDULDIG SEIN: SECHSTER SCHRITT

Sie könnten versucht sein, auf eine schnelle Lösung für ein Problem oder eine Frage in Ihrer Beziehung zu drängen, um sich besser zu fühlen und Ihre Ängste abzubauen.

Es kann sein, dass Sie frustriert sind über die Bereitschaft Ihres Partners, zu warten oder sich nicht festzulegen, oder darüber, dass er sich weigert, weiter über das Thema zu sprechen; seien Sie jedoch sensibel für die Möglichkeit, dass Ihr Partner die Dinge anders, sogar klarer sehen kann. Atmen Sie durch, unterhalten Sie sich, und gehen Sie nicht davon aus, dass Ihr Partner sich Zeit nimmt oder sich aus der Diskussion zurückzieht, weil er sich nicht engagiert oder das Problem nicht genug ist.

Überprüfen Sie, ob Sie sich um sich selbst kümmern

Sich zu verlieben ist wahnsinnig schön, aber sich um sich selbst zu kümmern und sich um die Person zu kümmern, die man liebt, nimmt einem die Konzentration. Wir alle scheinen das zu tun, aber für Menschen mit Angstzuständen kann es besonders problematisch sein. Sie müssen sich also gut um sich selbst kümmern. Eine gesunde Ernährung (mit Omega-3-Fettsäuren, wenig Kohlenhydraten und Zucker), körperliche Betätigung und Meditation tragen dazu bei, das Gehirn vor Ängsten zu schützen. Wenn Sie sich unsicher fühlen, denken Sie einmal darüber nach: Es ist nicht nett, von Ihrem Partner zu erwarten, dass er Sie bei Ihren Ängsten unterstützt, wenn Sie selbst nichts tun, um sich zu unterstützen. Betrachten Sie Selbstfürsorge als Investition in sich selbst, Ihre Familie und Ihre Freundschaft. Denken Sie daran, dass Ängste für niemanden gut sind. Sprechen Sie mit Ihrem Partner über einen gesunden Lebensstil: Essen, Sport treiben und gemeinsam meditieren.

Verstehen Sie, dass Ihr Partner Grenzen braucht

Das Schaffen von Grenzen kann eine positive Sache für die Partnerschaft sein, um zusammen, sicher und verbunden zu bleiben. Verstehen Sie, dass Grenzen nicht der Grund dafür sind, dass Ihr Partner Sie aussperrt, sondern ein Mittel, um Ihre Angst vor dem "Dranbleiben" selbst zu schützen. Es kann sein, dass Sie gestresst sind und immer wieder darüber reden müssen, aber das ist weder für Sie noch für Ihren Partner oder Ihre Beziehung wirklich gut. Ihr Partner wird Sie lieben und einen starken, schweren Fokus zwischen dem letzten Mal, als Sie darüber gesprochen haben, und dem nächsten Mal, wenn Sie es tun wollen, ziehen. Es ist leicht, zu plaudern, aber immer wieder über dieselbe Sache zu sprechen, zehrt an den Kräften und schafft ein Problem, das niemand hat. Seien Sie sich darüber im Klaren, dass Ihre Partner Sie lieben und dass Grenzen notwendig sind, um die Liebe zu fördern und Beziehungen aufzubauen, und nicht, um sie zu behindern. Sprechen Sie mit Ihrem Partner darüber, was er oder sie angesichts Ihrer Notlage möchte, damit es Ihnen besser geht. Bitten Sie um Grenzen - das wird dazu beitragen, dass Ihre Beziehung gesund und fürsorglich bleibt, und Ihrem Partner das Gefühl geben, dass er oder sie ein Gefühl für sich selbst bewahren kann, ohne von Ihren Sorgen überwältigt zu werden. Angst ist ansteckend, und wenn Ihr Partner beschließt, (letztlich) einen Schlussstrich unter Ihre Angst zu ziehen, lassen Sie es zu - es wird dazu beitragen, das emotionale Kapital der Beziehung zu erhalten, und wird für Sie beide von Vorteil sein.

Lachen und scherzen

Das ist so notwendig! Lachen ist eine natürliche Lösung für angstauslösenden Stress und Anspannung. Gemeinsames Lachen vertieft die Bindung zwischen Ihnen, und wenn Sie ein paar harte Tage (Wochen? Monate?) hinter sich haben, hilft es Ihnen beiden, sich daran zu erinnern, warum Sie sich ineinander verliebt haben. Angst kann einen vergessen lassen, dass das Leben nicht immer ernst genommen werden sollte. Wenn Ihr Partner Sie lachen sieht (was sehr schön sein wird und zweifellos einer der Gründe ist, warum er oder sie sich überhaupt in Sie verliebt hat), müssen Sie eine Rechtfertigung finden - ein lustiges Video, Erinnerungen oder YouTube.

Sich zu verlieben soll wunderschön sein, aber einem anderen Menschen in den besten Zeiten nahe zu kommen, ist nicht ohne Höhen und Tiefen. Intimität ist ein Kanal für alle möglichen Emotionen, von der Freude darüber, dass ein wundervoller Mensch von Ihnen genauso berührt ist wie Sie von ihm, bis hin zu den Ängsten der Selbstzweifel und dem potenziellen Verlust des Komforts, des Reichtums und manchmal der Stille einer tieferen Liebe. Angst wirkt sich auf Beziehungen aus, aber Sie können Ihre Beziehung schützen und sie solide, eng und widerstandsfähig machen, indem Sie offen für ihre Auswirkungen sind und aktiv auf sie reagieren.

KAPITEL 16: ZIELE TEILEN: SIEBTER SCHRITT

Setzen Sie sich Ziele in Bezug auf Kommunikation, Liebe, Kompromisse, Engagement, sexuelle Intimität, Hausarbeit und Unterstützung. Dies sind die wichtigsten Aspekte, die die Qualität und Stärke Ihrer Beziehung beeinflussen. Wenn Sie diese Bereiche abdecken und sich erreichbare Ziele setzen, können Sie Ihre Beziehung verbessern.

Es ist wichtig, dass Sie und Ihr Partner an der Verbesserung Ihrer Kommunikation arbeiten. Wenn Sie sich Ziele in diesem Bereich setzen, überlegen Sie, wie Sie Ihre Kommunikation verbessern können.

Nehmen Sie sich etwas Zeit, setzen Sie sich mit Ihrem Partner zusammen und fragen Sie ihn, was er braucht. Emotionale Unterstützung ist nicht die einzige Form der Unterstützung, die Sie Ihrem Partner bieten können. Manchmal ist auch etwas so Einfaches wie den Partner zum Einkaufen zu fahren oder ihn zum Zahnarzt zu bringen eine Form der Unterstützung. Nehmen Sie sich Zeit, um sich regelmäßig mit Ihrem Partner zu treffen.

Wenn eine Beziehung Bestand haben soll, muss sie von Freundschaft geprägt sein. Sie müssen mehr als nur Partner sein; Sie müssen vor allem Freunde sein. Überlegen Sie sich verschiedene Dinge, die Sie und Ihr Partner gemeinsam tun können. Gemeinsame Aktivitäten tragen sicherlich dazu bei, dass Sie sich näher kommen. Sie und Ihr Partner können auch abwechselnd verschiedene Aktivitäten auswählen, die Sie gemeinsam ausprobieren können.

Ich bin sicher, dass Sie Ihren Partner lieben, aber wie ausdrucksstark sind Sie? Wenn Sie Ihre Liebe nicht ausdrücken, wie soll Ihr Partner es dann jemals erfahren? Wie oft drücken Sie Ihre Gedanken aus? Ich will damit nicht sagen, dass Sie Ihrem Partner immer wieder sagen müssen, dass Sie ihn lieben, aber es gibt kleine Dinge, die Sie tun können, um ihm Ihre Liebe zu zeigen. Zum Beispiel können Sie ihm Ihre Liebe zeigen, indem Sie sich an den Aufgaben im Haushalt beteiligen, sein Lieblingsessen kochen oder ihn morgens nach dem Aufwachen umarmen. In einer langfristigen Beziehung müssen Sie Ihre Liebe und Zuneigung für Ihren Partner zum Ausdruck bringen.

Eine Beziehung wird nicht halten, wenn es keine Kompromisse gibt. Ein "Mein Weg oder der Highway"-Denken kann jede Beziehung schnell zerstören. Lernen Sie stattdessen, Kompromisse zu schließen. Es ist in Ordnung, wenn Sie nicht immer Ihren Willen durchsetzen können, und es ist in Ordnung, wenn Sie nicht immer Recht haben. Bemühen Sie sich, die Sichtweise Ihres Partners zu verstehen. Lernen Sie zu verhandeln und verstehen Sie, wie wichtig es ist, Kompromisse zu schließen. Wenn Sie einen Kompromiss eingehen, bedeutet das nicht, dass Sie im Unrecht sind, während Ihr Partner Recht hat; es bedeutet lediglich, dass Sie Ihren Partner mehr lieben und bereit sind, sich auf die Beziehung zu konzentrieren, anstatt auf irgendwelche anderen belanglosen Fragen oder Probleme.

Emotionale Intimität ist genauso wichtig wie körperliche Intimität in einer Beziehung. Bemühen Sie sich also bewusst und setzen Sie sich bestimmte Ziele für die körperliche Intimität in Ihrer Beziehung. Seien Sie ein einfühlsamer und fürsorglicher Liebhaber für Ihren Partner. Nehmen Sie sich Zeit, um mit Ihrem Partner all die verschiedenen Dinge zu besprechen, die Sie ausprobieren möchten, und seien Sie offen zu ihm. Lernen Sie, nicht nur auf Ihre Bedürfnisse einzugehen, sondern auch auf die Bedürfnisse Ihres Partners.

Ein häufiges Problem, mit dem viele Paare konfrontiert sind, betrifft die Aufgaben im Haushalt. Ich glaube an die Gleichberechtigung der Partner, und deshalb müssen die Partner alle Aufgaben teilen. Schließlich leben Sie zusammen, warum also nicht auch die Verantwortung teilen? Nehmen Sie sich etwas Zeit und stellen Sie einen Zeitplan auf, um die Aufgaben zwischen Ihnen beiden aufzuteilen, damit sich nicht immer ein Partner mit der Hausarbeit belastet fühlt. Das ist vor allem dann wichtig, wenn Sie und Ihr Partner nebenbei noch einen Beruf haben.

Zu beachtende Tipps

Glück entsteht nicht immer dadurch, dass man bekommt, was man will, aber es kann dadurch entstehen, dass man sich auf das zubewegt, was man sich wünscht. Für die Beziehung bedeutet das, dass Paare einige Ziele haben müssen, auf die sie gemeinsam zusteuern. Wie können sich Paare also gegenseitig unterstützen und motivieren, um neben den Beziehungszielen auch ihre individuellen Ziele zu erreichen? Hier sind einige einfache Schritte, die Sie befolgen können, um sicherzustellen, dass Sie und Ihr Partner Ihre Ziele erreichen und gleichzeitig die Gesundheit Ihrer Beziehung erhalten.

Der erste Schritt besteht darin, sicherzustellen, dass Ihre individuellen Ziele mit den Zielen Ihrer Beziehung übereinstimmen. Diese Übereinstimmung ist wichtig, um ein Gefühl der Harmonie zu schaffen, das es Ihnen beiden ermöglicht, Ihre persönlichen Ziele zu verwirklichen. Sobald diese Harmonie vorhanden ist, gibt es keine Grenzen für die Dinge, die Sie als Team erreichen können.

Es ist an der Zeit, zwei Pläne zu machen - einen Sechsmonatsplan und einen Zweijahresplan. Stellen Sie sich dies als kurz- und langfristige Ziele für Ihre Beziehung vor. Besprechen Sie, was Sie tun wollen, wo Sie sein wollen und wie Sie innerhalb dieser beiden Zeiträume sein wollen. Der nächste Schritt besteht darin, sich vorzustellen, wo Sie Ihr Leben in den nächsten fünf, 10, 15 und 20 Jahren sehen möchten. Achten Sie darauf, dass Sie eine positive Einstellung bewahren und keine Ideen einfach abtun, bevor Sie nicht beide die Möglichkeit hatten, sich zu äußern. Urteilen Sie nicht über Ihren Partner und lassen Sie nicht zu, dass Ihr Partner über Sie urteilt. Seien Sie offen füreinander und hören Sie aufmerksam zu, was die andere Person zu sagen hat.

Nehmen Sie sich etwas Zeit und erstellen Sie eine Liste mit all Ihren persönlichen Zielen. Sie und Ihr Partner müssen dies einzeln tun und dann einige Zeit zusammen verbringen, um die Listen zu besprechen, die Sie beide gemacht haben. Nehmen Sie sich die Zeit, die Sie brauchen, und notieren Sie sorgfältig alles, was Sie im Leben erreichen möchten. Nehmen Sie sowohl kurzfristige als auch langfristige Ziele auf und besprechen Sie diese, wenn Sie das Gefühl haben, dass Sie bei der Erstellung dieser Liste nicht weiterkommen.

Wann immer Sie sich Ziele setzen, müssen diese so beschaffen sein, dass Sie sich selbst gut fühlen. Wenn das Ziel, das Sie sich für sich selbst oder Ihre Beziehung setzen, gegen alles geht, woran Sie glauben, werden Sie es nicht erreichen können. Die Ziele, die Sie sich setzen, müssen nicht nur für Sie selbst gut sein, sondern auch für Ihre Beziehung. Wenn Sie gemeinsame Ziele haben, ist es nicht nur leichter, sie zu erreichen, sondern auch die Gesundheit Ihrer Beziehung verbessert sich auf diesem Weg.

Unabhängig davon, welches Ziel Sie sich setzen, achten Sie darauf, dass die Ziele spezifisch, realistisch und erreichbar sind. Wenn ein Ziel auch nur eine dieser Bedingungen nicht erfüllt, ist es zum Scheitern verurteilt. Viele Menschen halten es für eine gute Idee, sich hochgesteckte Ziele zu setzen. Sie scheinen sich an das uralte Sprichwort zu halten: "Wer nach den Sternen greift, wird auf dem Mond landen". Nun, ich glaube nicht, dass dies der richtige Weg ist, sich Ziele zu setzen. Denn wenn Sie Ihre Ziele nicht erreichen, ist das eine Quelle großer Enttäuschung und Unzufriedenheit. Um dies zu vermeiden, sollten Sie sicherstellen, dass die Ziele, die Sie sich setzen, realistisch, erreichbar und sehr spezifisch sind.

Sie und Ihr Partner müssen eine Vereinbarung treffen, die Ihnen hilft, sich auf Ihre Verpflichtungen zu konzentrieren und diese einzuhalten. Die Beziehung, die Sie mit Ihrem Partner teilen, ist etwas Heiliges, und Sie müssen sie hegen und pflegen. Die Vereinbarungen, die Sie treffen, müssen Sie und Ihren Partner sowie Ihre Beziehung unterstützen. Es geht nicht darum, Belohnungen oder Bestrafungen zu erhalten, um Verantwortlichkeit zu schaffen. Es geht darum, einen für beide Seiten vorteilhaften Plan auszuarbeiten, um die gegenseitige Verantwortung zu stärken.

Es ist in Ordnung, sich auf Ihre Ziele zu konzentrieren, aber es ist nicht in Ordnung, die Siege, die Sie auf dem Weg dorthin erringen, zu übersehen. Die Verwirklichung Ihrer Ziele ist selten ein Sprint, sondern immer ein Marathon. Der Weg dorthin ist also genauso wichtig wie das Ziel selbst. Sie und Ihr Partner müssen sich gegenseitig und die Leistungen des anderen wertschätzen. Freuen Sie sich über all die kleinen Erfolge, die in Ihrem Leben passieren. Feiern Sie die Erfolge des jeweils anderen. Auf diese Weise festigen Sie auf natürliche Weise das Band, das Sie verbindet. Wenn Sie jeden Meilenstein, den Sie erreichen, feiern, wird Ihnen das die Motivation geben, weiterzumachen.

Sie müssen unterstützend und verständnisvoll sein. Unterstützen und ermutigen Sie Ihren Partner, seine Ziele zu erreichen, und Ihr Partner wird diese Geste Ihnen gegenüber erwidern. Geben Sie Ihrem Partner den Raum, den er braucht, um seine Ziele zu erreichen, und werden Sie nicht zum Hindernis. Prüfen Sie bewusst, ob Sie Kritik üben. Wenn Ihr Partner einen Fehler macht, können Sie ihn ruhig korrigieren, aber tun Sie es sanft.

Seien Sie die gegenseitige Unterstützung. Es wird Tage geben, an denen Sie oder Ihr Partner einfach nicht die Motivation haben, weiterzumachen. Seien Sie in solchen Fällen die Cheerleader des anderen. Ihre Beziehung wird glücklicher und zufriedenstellender sein, wenn Sie wissen, dass Sie die Unterstützung Ihres Partners haben, und dasselbe gilt für Ihren Partner. Holen Sie sich unbedingt ein Feedback von Ihrem Partner, um zu sehen, wie es ihm geht. Indem Sie ihn um eine Rückmeldung bitten, geben Sie ihm das Gefühl, wichtig zu sein, und geben sich selbst die Möglichkeit, die Dinge aus einer neuen Perspektive zu betrachten.

Nehmen Sie sich etwas Zeit und notieren Sie alle Ihre Ziele. Überprüfen Sie diese Ziele immer wieder, während Sie Ihr tägliches Leben führen. Ihre Ziele können sich ändern, oder die Art und Weise, wie Sie sie erreichen wollen, kann sich ändern. Möglicherweise müssen Sie Ihre Ziele auch gelegentlich anpassen. Vergessen Sie also nicht, Ihre Ziele wöchentlich zu überprüfen.

Der letzte Schritt ist ganz einfach: Denken Sie immer daran, dass Sie ein Team sind. Es ist einfacher, Ziele zu erreichen, wenn man sie gemeinsam angeht. Sie müssen nicht alles alleine machen, und Sie können auf Ihren Partner zählen, wenn Sie zusätzliche Hilfe oder Unterstützung brauchen.

Wenn Sie Ihre Träume oder Ziele erreicht haben, sollten Sie nicht vergessen, sich neue Ziele zu setzen. Ziele geben Ihnen die Motivation, weiterzumachen!

KAPITEL 17: ÜBUNGEN MACHEN: ACHTER SCHRITT

Sie müssen wissen, dass die Verbesserung der Kommunikation ein kontinuierlicher Prozess ist und dass die "Übung" der Anfang eines Prozesses ist, der Ihre Beziehung weit und positiv voranbringen wird. Und warum? Ganz einfach: Je mehr Sie üben, desto größer sind die Chancen, dass Sie Konflikte schnell überwinden können, und desto weniger Konflikte werden Sie auf lange Sicht haben.

Mit der Zeit sollten Sie den Wunsch verspüren, mit Ihrem Partner über alles zu sprechen und seine Meinung auszutauschen, und sich etwas Zeit für Ihre Gespräche nehmen.

Beziehungen leben von der Kommunikation. Kommunikation ist in vielerlei Hinsicht das eigentliche Lebenselixier einer Beziehung. Wenn Sie nicht mit Ihrem Partner kommunizieren können, wird die Beziehung kein Vertrauen aufbauen können, und das ist ein großes Problem. Zum Glück können diese vier Übungen Ihnen helfen, besser mit Ihrem Partner zu kommunizieren. Sie werden sicherstellen wollen, dass Sie und Ihr Partner alles wissen, worüber Sie sprechen, damit Sie besser miteinander kommunizieren und sich aufeinander beziehen können.

Stunde der Ehrlichkeit

Die erste Übung ist die sogenannte Ehrlichkeitsstunde. Idealerweise sollten Sie diese wöchentlich abhalten, damit Sie und Ihr Partner alles, was Sie dem anderen zu sagen haben, mitteilen können - ohne zu urteilen. Wenn Sie es nicht schaffen, einmal in der Woche zu sprechen, dann lassen Sie es häufiger als einmal im Monat geschehen. Das Wichtigste dabei ist jedoch, dass Sie und Ihr Partner sich darauf einigen, dass Sie sich nicht beleidigt fühlen, egal was die andere Person sagt. Es wäre hilfreich, wenn Sie anerkennen würden, dass Sie und die andere Person versuchen, so klar wie möglich zu kommunizieren.

Nachdem Sie sich darauf geeinigt haben, dass keiner von Ihnen beleidigt sein wird oder einen Groll gegen das hat, was er in dieser Sitzung gehört hat, setzen Sie sich mit Ihrem Partner zusammen. Eine Stunde lang haben Sie beide die Möglichkeit, frei und ohne Rücksicht auf andere Dinge als Ihre Gefühle zu sprechen. Dies ist nicht der Zeitpunkt, um sich gegenseitig zu verletzen - beschimpfen Sie sich nicht gegenseitig. Sagen Sie nicht, dass Sie sich gegenseitig hassen. Nehmen Sie sich die Zeit, die Sie brauchen, um innezuhalten, sich hinzusetzen und miteinander zu sprechen. Es wäre hilfreich, wenn Sie zuhören würden, während Ihr Partner spricht - hören Sie wirklich zu, wie er oder sie in diesem Moment über Ihre Beziehung denkt. Sie müssen klar und unvoreingenommen zuhören. Wenn Sie das können, sollte Ihr Partner das Gleiche für Sie tun, wenn Sie an der Reihe sind. Vergessen Sie nicht, dass Sie dabei nicht in die Defensive geraten dürfen. Sie verteidigen sich hier nicht - Sie erhalten Einblick in das, was die andere Person sagt.

"Ich fühle" Kommunikationsmethoden

Die nächste Übung ist für Auseinandersetzungen gedacht. Obwohl niemand wirklich streiten oder argumentieren will, ist die bedauerliche Wahrheit, dass wir es manchmal tun. Es ist einfach eine Tatsache des Lebens - manchmal gibt es Streit. Manchmal fühlen sich Menschen verletzt. Manchmal möchten wir der anderen Person sagen, dass das, was sie getan hat, uns stört, und wir wissen nicht, wie wir das tun sollen. Der beste Weg, mit solchen Situationen umzugehen, ist immer, unseren Unmut nach einem ganz bestimmten Muster zu äußern.

Das Muster hier ist, dass Sie immer sagen werden: "Ich fühle..." anstatt "Du bringst mich dazu...". Die Idee dahinter ist, dass Sie keine dieser "Du"-Aussagen verwenden, die den anderen automatisch auf die Palme bringen. Sie müssen dafür sorgen, dass es um Sie geht und dass Sie über Ihre Gefühle sprechen, die subjektiv sind und, offen gesagt, nicht in der Verantwortung Ihres Partners liegen. Es ist nicht die Aufgabe Ihres Partners, dafür zu sorgen, dass Sie sich auf die eine oder andere Weise fühlen, und deshalb müssen Sie sich eingestehen, dass Sie die Kontrolle über Ihre eigenen Gefühle haben. Stehen Sie zu Ihren Gefühlen. Halten Sie sich an "Ich fühle"-Aussagen, um zu vermeiden, dass Sie in Ihrer Beziehung Probleme verursachen, die Sie nicht so leicht beheben können. Wenn Sie dies regelmäßig in Ihre Beziehung einbauen und sich daran halten können, wird es Ihnen sehr helfen.

Hoher und niedriger Nachtchat

Bei der nächsten Übung geht es um die Kommunikation während des Abends. Sie und Ihr Partner werden sich im Wesentlichen gegenseitig abfragen. Sie wollen wissen, was die andere Person denkt oder fühlt, damit Sie sich besser in sie hineinversetzen können. Die Idee ist, dass jeder von Ihnen die besten und schlechtesten Momente des Tages mit dem anderen teilt, damit Sie sich besser verstehen können. Dabei kann es sich um Punkte handeln, die den anderen betreffen, oder es geht um etwas auf der Arbeit. In jedem Fall geht es darum, dass Sie sich beide Zeit nehmen, um miteinander zu kommunizieren, damit Sie besser miteinander umgehen können.

Versuchen Sie, dies vor dem Schlafengehen zu tun, wenn der Tag zu Ende ist. Fragen Sie sich dann gegenseitig, was das Beste an Ihrem Tag war. Das kann alles Mögliche sein - zum Beispiel, was Sie empfunden haben, als Sie einen schönen Regenbogen gesehen haben, oder wie das Essen im Restaurant geschmeckt hat. Es kann alles Mögliche sein - wichtig ist nur, dass Sie die Gefühle des anderen dabei erkennen. In ähnlicher Weise werden Sie dann auch die Tiefpunkte teilen. Dabei geht es darum, dass Sie sich in den anderen einfühlen können. Wie haben Sie sich bei dem, was passiert ist, gefühlt? Wie ist das gut oder schlecht? Gibt es etwas, das Sie tun können, um diesen Tiefpunkt zu überwinden? Wenn Sie das Problem sind oder Ihr Partner Ihr Problem ist, können Sie gemeinsam daran arbeiten, es zu lösen.

Den Standpunkt der anderen Person wiederholen

Diese Übung soll Ihnen helfen, die Perspektive des anderen besser zu verstehen. Die Idee ist, dass Sie, nachdem Sie Ihrem Partner zugehört haben, vielleicht während einer dieser Stunden der Ehrlichkeit oder auch nur während allgemeiner Auseinandersetzungen, bevor Sie einander antworten, sich die Zeit nehmen, innezuhalten, die Gefühle des anderen zu erkennen und dann zu erkennen, wie Sie in der Lage sind, sich gegenseitig zu fühlen. Im Wesentlichen nehmen Sie sich die Zeit und Energie, um sicherzustellen, dass Sie und Ihr Partner einander zuhören.

Nachdem eine Person zu Ende gesprochen hat, muss die andere Person das Gesagte paraphrasieren. Nachdem Sie die Paraphrase beendet haben, fragen Sie nach, um sicherzustellen, dass Sie das Gesagte richtig verstanden haben. Wenn dies der Fall ist, können Sie über Ihre Antwort auf das Problem nachdenken. Nachdem Sie sich die Zeit genommen haben, Ihr Gegenüber zu verstehen, können Sie ihm mitteilen, wie Sie sich dabei fühlen und umgekehrt. Wenn Sie es nicht richtig verstanden haben, können Sie nun um eine Klärung bitten, um sicherzustellen, dass Sie beide mit dem, was zwischen Ihnen beiden passiert, auf derselben Seite stehen.

KAPITEL 18: WEGE ZUR WIEDERHERSTELLUNG DER KOMMUNIKATION MIT IHREM PARTNER

Bitten Sie um Klarstellung

Wahrnehmung ist etwas anderes als Kommunikation. Man kann eine Botschaft weitergeben, aber es kommt darauf an, wie sie aufgenommen wird. Daher ist eine Klärung unerlässlich, damit die Information so aufgenommen werden kann, wie sie gemeint ist. Eine Möglichkeit, um eine Klärung zu bitten, besteht darin, das Gesagte zu wiederholen. Falls die Botschaft falsch verstanden wurde, wird der Sprecher sie korrigieren. Außerdem wird so sichergestellt, dass man aufmerksam zuhört, und der Sprecher wird ermutigt, sich mehr zu öffnen.

Neutralität bewahren

Emotionale Intelligenz ist für die Kommunikation unerlässlich; man muss sich seiner Vorurteile und Meinungen bewusst sein, um die Kunst des aktiven Zuhörens entwickeln zu können.

Bei der Kommunikation ist es wichtig, auf dem Boden zu bleiben. Wenn man in die Defensive gerät, wird der Kommunikationsprozess behindert. So sehr man Kritiker auch hasst, man sollte ihnen gegenüber offen sein und verstehen, dass man zwangsläufig von Zeit zu Zeit kritisiert wird.

Hören Sie

Lassen Sie jemanden seinen Gedankengang zu Ende führen, bevor Sie sich einmischen und Ihre eigene Meinung äußern. Außerdem sollte man ganz zuhören und sich Zeit nehmen, die Informationen zu verdauen, bevor man sie bewertet. Es kommt häufig vor, dass man abgelenkt wird und überlegt, was man antworten soll, bevor der Redner seine Ausführungen beendet hat. Diese Art der Ablenkung ist unbedingt zu vermeiden, da sie verhindert, dass man einer anderen Person wirklich zuhört.

Schweigen

Schweigen ist sehr wirkungsvoll, besonders in einem Gespräch. Sie stellt sicher, dass der Zuhörer das Gesagte aufnehmen und verdauen kann, und gibt Zeit für eine Zusammenfassung. Sie hilft dem Zuhörer zu verstehen, was die andere Person zu sagen versucht, und gibt der anderen Person Raum, ihre Gedanken zu ordnen.

Schweigepausen bei der Kommunikation geben Zeit, die gegebenen Informationen zu verdauen, sie bieten auch Raum für die Bewertung von Wissen und Zeit für eine Person, ihre Voreingenommenheit zu erkennen und wie sie den Zuhörprozess beeinflussen könnte. Die Stille sollte also als Instrument genutzt werden, um den Zuhörprozess zu schärfen und die Kommunikation zu fördern.

Der Umgang mit kurzen Schweigepausen ist eine Fähigkeit, die man erst mit der Zeit beherrscht. Daher sollte der Zuhörer sie üben, damit sie nicht unangenehm werden oder das Ende des Gesprächs anzeigen.

Während einer explosiven Interaktion kann das Schweigen ein Instrument sein, um Spannungen abzubauen. Es kann auch verwendet werden, um ein Gespräch zu entschärfen, das nicht produktiv ist. Sie ermöglicht es den Beteiligten, den Chat zu bewerten und festzustellen, ob er noch im Rahmen der gesetzten Ziele liegt.

Ermutiger verwenden

Verwenden Sie Aufforderungen, um die andere Person zu ermutigen, sich mehr zu öffnen. Die Aufforderungen sollten minimal sein, damit der Zuhörprozess nicht unterbrochen wird. Beispiele sind "oh", "äh-äh" und "dann?".

Aufforderungen zeigen dem Sprecher, dass der Zuhörer seinen Ausführungen folgt und wirklich an dem interessiert ist, was er zu sagen hat. Dadurch werden sie ermutigt, sich mehr zu öffnen. Auch der Zuhörer schenkt dem Gesagten seine Aufmerksamkeit, da er eine aktive Rolle im Gespräch übernimmt, indem er die andere Person ermutigt, sich mehr zu öffnen.

Reflektieren

Die Reflexion ermöglicht es dem Zuhörer, die Worte des Sprechers zu verinnerlichen. Sie hilft auch dabei, die Körpersprache und andere nonverbale Hinweise mit der verbalen Kommunikation zu verbinden. Anstatt also einfach nur die Informationen wiederzugeben, sollte man sich die Zeit nehmen, über die Botschaft nachzudenken, Emotionen und den eigenen Hintergrund zu berücksichtigen und zu erklären, warum man diese Meinung vertritt. Durch Nachdenken kann man auch Verbindungen zu den gegebenen Informationen herstellen. Manchmal kann man einen Kommentar abgeben, der mit einer anderen Information verbunden werden kann.

Die Reflexion ist der richtige Weg, um die eigene Voreingenommenheit zu erkennen, wie sie sich auf den Kommunikationsprozess auswirkt und wie man sie beseitigen kann.

Ich"-Nachrichten verwenden

Beim aktiven Zuhören hilft es dem Sprecher, seine Gefühle in Worte zu fassen, um objektiv zu sein. Bei der Kommunikation ist man sich der Körpersprache, die man projiziert, vielleicht nicht bewusst. Das gilt vor allem dann, wenn man über etwas spricht, das einem am Herzen liegt. Gefühle in Worte zu fassen, bringt also Objektivität in das Gespräch.

Validieren Sie

Seien Sie unvoreingenommen gegenüber den Gefühlen des Sprechers und bestätigen Sie seine Emotionen. Hören Sie mit Einfühlungsvermögen zu und verstehen Sie, warum sie so denken, wie sie denken. Manchmal lösen triviale Dinge extreme Emotionen aus, was in Ordnung ist, da Menschen ein Recht auf Gefühle haben; sie denken jedoch über Themen nach, die sie betreffen.

Validierung bedeutet nicht, dass man sich über seine Erfahrungen öffnen muss. Das Ziel ist es, zuzuhören und zu antworten, dass die Gefühle gesehen werden und es in Ordnung ist, solche Gefühle zu haben. Im Kommunikationsprozess hilft dies einer Person, sich mehr zu öffnen.

Umleitung

Sensible Themen können zu Aggression, erhobener Stimme oder Wut führen. Das sind Emotionen wie jede andere auch, und eine Person hat ein Recht darauf. Anstatt also jemandem ein schlechtes Gewissen zu machen, ist es besser, sich umzuorientieren und über etwas zu sprechen, das nicht so sensibel ist.

Das kann eine kurze Diskussion über ein neutrales Thema sein, damit die Spannungen abfallen, und danach kann man wieder auf die Frage zurückkommen, die gerade diskutiert wird. Wenn sich der Redner nicht beruhigt, kann man das Gespräch umleiten und über etwas ganz anderes sprechen.

Vermeiden Sie die Verwendung von Kommunikationsblockern

Kommunikationsblocker machen es dem Redner unmöglich, seine Argumente wirkungsvoll weiterzugeben. Sie sollten daher unbedingt vermieden werden.

Warum"-Fragen führen zu einer Abwehrhaltung, weil sie das Gefühl haben, dass ihre Gültigkeit in Frage gestellt wird. Daher sollten sie vermieden werden.

Es ist nicht ratsam, schnelle Zusicherungen zu geben, bevor die Person ihren Standpunkt dargelegt hat, da sie die Informationen nicht wirksam weitergeben kann.

Ein weiteres Kommunikationshindernis ist das Beraten des Sprechers. Das Ziel ist es, zuzuhören und keine Ratschläge zu erteilen, es sei denn, der Sprecher bittet um Rat. Geben Sie also keine Ratschläge, sondern hören Sie aktiv zu.

Die Suche nach Informationen ist ein weiterer Kommunikationsblocker. Menschen sind intelligent und können erkennen, ob eine Person ihnen wirklich etwas mitteilen will oder ob sie nach Informationen sucht. Sobald sie merken, dass der Zuhörer nach Informationen gräbt, verstummen sie und hören auf zu kommunizieren. Für eine effektive Kommunikation sollten Sie also vermeiden, unter dem Vorwand des aktiven Zuhörens nach Informationen zu suchen.

Höflich sein

Achten Sie bei der Kommunikation auf gute Umgangsformen. Es zeigt, dass die Nachricht wichtig ist, und man wird eher mit jemandem sprechen, der sich höflich verhält.

Ausdrücke wie "Entschuldigung" oder "Pardon" sollten angemessen und, wie bereits erwähnt, mit Bedacht eingesetzt werden, um häufige Unterbrechungen zu vermeiden. Sie zeigen auch, dass jemand das Gespräch aktiv verfolgt.

Fragen stellen

Um ein Gespräch zu beginnen, ist es am besten, zunächst Fragen zu stellen. Die Art der Fragen, die als Gesprächseinstieg vorgeschlagen werden, muss neutral sein. Das bedeutet, dass sensible Themen wie Religion, Politik und Geschlecht ausgespart werden müssen. Durch das Stellen von Fragen wird sichergestellt, dass man zuerst die Gefühle der anderen Person berücksichtigt und schnell deren Meinung zu Themen erfährt, die nicht so neutral sind.

Urteile vermeiden

Jeder Mensch auf der Welt hat eine Voreingenommenheit, was besonders für sensible Themen gilt. Um eine positive Kommunikation zu ermöglichen, sollte man daher vermeiden, zu urteilen. Man sollte aufmerksam zuhören und auf jeden Fall darauf verzichten, die andere Person zu beurteilen. Die andere Person in der Beziehung sollte das Gefühl haben, dass ihr zugehört wird und dass ihr Standpunkt verstanden wird. Wenn man mit jemandem kommuniziert, sollte der Zuhörer in der Lage sein, sich in die Lage des anderen hineinzuversetzen und dessen Standpunkt zu verstehen. Falls es Argumente gibt, sollten sie auf eine Weise vorgetragen werden, die nicht wertend ist.

Aufgepasst

Nichts ist so zermürbend wie ein Gespräch mit jemandem, der nicht aktiv am Kommunikationsprozess teilnimmt. Das führt dazu, dass eine Person das Interesse verliert und sich nicht so sehr öffnet, wie sie es gerne möchte. Daher sollte eine sichere Kommunikation dadurch erreicht werden, dass man der Person, die spricht, Aufmerksamkeit schenkt, egal ob in einer Gruppe oder in einem privaten Rahmen. Ablenkungen wie Lärm, Telefone und andere Geräte sollten ausgeschaltet werden, und dem Sprecher sollte ungeteilte

Aufmerksamkeit geschenkt werden. Dies ermöglicht es dem Zuhörer, die Gefühle des Sprechers zu erkennen, indem er die Körpersprache liest und entsprechend darauf reagiert.

Keine unaufgeforderten Ratschläge erteilen

Ein beliebter Fallstrick für eine gute Kommunikation ist es, Ratschläge zu erteilen oder den eigenen Standpunkt mitzuteilen, auch wenn der Sprecher nicht darum gebeten hat. Manchmal möchte eine Person einfach nur zugehört werden. Das Erteilen von Ratschlägen, um die man nicht gebeten wurde, unterbricht diesen Prozess, und die Person ist nicht in der Lage, ihre Gefühle effektiv zu kommunizieren.

Damit eine einfühlsame Kommunikation stattfinden kann, sollten Sie auf Ratschläge verzichten, es sei denn, der Sprecher bittet direkt darum. Außerdem ist es gut, seine eigene Meinung zu einem Thema mitzuteilen. Es vermittelt dem Sprecher jedoch, dass der Zuhörer egozentrisch ist und die Gefühle anderer Menschen nicht berücksichtigt. Manchmal kann das Erteilen von Ratschlägen bei der anderen Partei Widerstand hervorrufen, und sie hört auf, das mitzuteilen, was sie weitergeben wollte.

Erhöhen Sie die Aufmerksamkeit durch Selbstentfremdung und Verringerung der Selbstzentrierung

Einen Standpunkt aus der Sicht oder Erfahrung eines anderen zu sehen, ist schwierig und muss gelernt werden. Um also die Aufmerksamkeit zu erhöhen, muss man sich von seinen Erfahrungen und Vorurteilen lösen und dem anderen Aufmerksamkeit schenken. Das hilft einem, im Moment zu sein und nur das zu verstehen, was gerade gesagt wird.

Lesen Sie den Sprecher

Es kann sein, dass Menschen das eine sagen und das andere meinen. Das passiert den meisten von uns, besonders wenn wir nervös sind oder Angst vor einem Urteil haben. Die Körpersprache lügt jedoch nicht und verrät immer, was der Sprecher sagen will. Aus diesem Grund sollte der Zuhörer den Sprecher lesen.

Maßnahmen ergreifen

Empathische Kommunikation bedeutet, auf die Bedürfnisse der anderen Person einzugehen. Daher sollte man, nachdem man angesprochen wurde, aktiv werden und einer anderen Person dort begegnen, wo sie es braucht. Es muss nicht die richtige Handlung sein, sondern irgendeine Aktivität, die der Person hilft, ihre Situation zu überwinden.

Eine Person könnte mitteilen, dass sie ihre Finanzen nicht in den Griff zu bekommen scheint. Eine Maßnahme, die ergriffen werden kann, ist, ihm einfache Sparmethoden beizubringen oder ihn an jemanden zu verweisen, der ihm helfen kann. Das Wichtigste ist, dass die Meinung der Betroffenen darüber eingeholt wird, welche Option die beste ist, und sie diese Entscheidung selbst treffen können.

Verstehen, dass die Wahrnehmung alles ist

In der Psychologie heißt es, dass zur Empathie Kommunikation und Wahrnehmung gehören. Kommunikation kann jederzeit stattfinden, aber die Wahrnehmung ist sehr wichtig, besonders wenn man eine starke Verbindung aufbauen will.

Je nach ihren Erfahrungen und ihrem Hintergrund verstehen die Menschen oft, was sie wollen. Daher ist das, was kommuniziert wird, nicht unbedingt das, was verstanden wird. Stephen Covey sagte einmal: "Viele hören nicht einmal mit der Absicht zu, zu verstehen; sie hören mit der Absicht zu, zu antworten." Im Idealfall sprechen oder hören viele Menschen mit der Absicht zu, zu antworten. Deshalb sind Gespräche wie Monologe, weil sie aus der Sicht einer Person geführt werden.

KAPITEL 19: HÄUFIGE KOMMUNIKATIONSFEHLER IN BEZIEHUNGEN

Die Menschen fragen auch, welcher Teil einer Beziehung am wichtigsten ist. Ist sie kompatibel? Haben sie den gleichen Glauben oder die gleichen politischen Ansichten? Wie steht es mit der Integrität? Ja, das Gespräch ist der Schlüssel; der Kontakt, und solange man sich verständigen und die Ansichten des anderen akzeptieren kann, hat man eine gute Beziehung.

Ja, was sind bestimmte Probleme, die man vermeiden sollte, wenn man versucht, mit seinem Partner zu interagieren? Okay, die Art und Weise, wie sie über ihren Partner kommunizieren, ist ein häufiger Fehler. Sie wollen nicht belehrt werden, es sei denn, Sie besuchen einen College-Kurs. Okay, die gleiche Art und Weise ist Ihr Freund. Wenn Sie also ein Problem mit einem Teil Ihrer Freundschaft haben, setzen Sie sich nicht zu ihm und lesen oder schreien Sie ihn an. Die Kommunikation verläuft in beide Richtungen. Sprich mit ihnen, dann höre ihnen zu.

Als nächstes kommt die Ehrlichkeit. Wenn Ihr Partner über etwas in der Beziehung besorgt ist, das Ihnen gefällt, müssen Sie sich darauf konzentrieren. Nichts tut mehr weh als ein paar Leute, die es für sich behalten und verrotten lassen. Das würde nur die Gefühle vergiften und die Freundschaft verschlimmern. Das kann in der Tat sehr kompliziert sein. Wenn Ihre Frau nicht einverstanden ist und Sie es einfach nur wollen, wird das zu einer Trennung führen.

Nichtsdestotrotz sind Sie viel besser dran, als wenn Sie zusammenleben und beide unglücklich enden. Auf der anderen Seite können Sie feststellen, dass sie Ihre Meinung äußern, wenn Sie darüber nachdenken, so dass das Thema ohne weiteres geeignet ist. Schließlich gibt es noch die Option des Konsenses. Vielleicht können Sie es nicht genau handhaben. Dennoch sollten Sie in der Lage sein, eine gemeinsame Basis zu finden, weil Sie immer noch voll hinter der Partnerschaft stehen.

Ein weit verbreiteter Fehler ist, dass die Menschen nicht einmal darüber reden wollen. Wir versuchen, über ein großes Problem nachzudenken, und geraten dann auf die schiefe Bahn. Das passiert auch, wenn einer von Ihnen etwas zur Sprache bringt, was für den anderen schwierig ist; Sie versuchen, das Thema zu wechseln, um sich selbst zu schützen. Machen Sie es nicht so spannend, wie es sein könnte. Konzentrieren Sie sich auf das Thema.

Es heißt, dass unser Leben heutzutage voll ist. Arbeit, Familie, Interessen usw. füllen unsere Zeit aus und machen ein schnelles Gespräch per Instant Messaging fast zu einem Online-Chat! Das kann zu einem weiteren typischen Fehler eines Paares führen: ein Gespräch entweder zu unterbrechen oder zu versuchen, es im Trubel des Lebens zu führen. Reden heißt, genau das zu tun! Suchen Sie sich also einen ruhigen und bequemen Ort, um das zu tun und Ablenkungen zu vermeiden. Auch kurz vor dem Schlafengehen sollten Sie nicht bis zur letzten Minute warten, um ein ernsthaftes Gespräch zu führen. Jetzt ist die Zeit, um über einen romantischen Traum zu sprechen, nicht um ein neues Auto zu kaufen!

Es mag verrückt erscheinen, aber man muss sich auch mit seinem Freund treffen. Wir haben heutzutage so viel zu tun, warum nicht auch mal Zeit zum Reden? Und es muss nicht unbedingt ein kompliziertes Problem sein. Etwas so Einfaches wie zu vereinbaren, dass Sie beide jeden Sonntagmorgen zum Frühstück gehen. Ein gutes lokales Essen, ein Bericht über den Sonntag und etwas Anonymität. Man isst, spricht, hört zu und denkt dann über etwas nach, das wichtig ist. Eine Partnerschaft ist wie alles andere auf dieser Welt: Sie muss gehegt und gepflegt werden, um gesund zu werden, zu überleben und zu wachsen.

Kommunikationsprobleme in Beziehungen

Sie wissen bereits, dass Männer und Frauen nicht die gleiche Sprache sprechen. Man muss lernen, sich gut zu verständigen, damit eine Partnerschaft auf Dauer erfolgreich ist. Das heißt, und wenn es um Konversation geht, müssen Sie auf derselben Seite stehen.

Als ob das nicht schon genug wäre, gibt es in Ehen auch einige sehr verbreitete Kontaktprobleme, die zu Instabilität führen können, wenn sie nicht als Ursache von Problemen erkannt werden, die letztendlich auch die Ehe ruinieren können.

Werfen wir einen kurzen Blick auf vier große Probleme bei der Kontaktaufnahme.

1. **Bevor Sie sprechen, nimmt der Partner Ihre Antwort vorweg.** Dieses Problem tritt auch in Langzeitbeziehungen auf. Es handelt sich dabei um eine Art Nicht-Zuhören, das in der Regel auftritt, weil Sie nicht bereit sind, Ihrem Freund zuzuhören. Es ist nicht nur eine einseitige Angelegenheit. Oft beginnen beide, übereinander zu sprechen, während die Person, die spricht, in anderen Fällen keine Antwort verlangt. Sie werden sich bemühen, erfolgreiche zweiseitige Diskussionen zu etablieren, indem Sie von der Perspektive jedes Einzelnen aus denken. Das wird dazu beitragen, Vertrauensprobleme in Beziehungen zu minimieren.

2. **Dank unserer chaotischen Zeitpläne scheinen wir nicht genug Zeit für den Austausch mit unseren Freunden zu haben.** Die meisten Gespräche hängen von Konflikten ab, und es bleibt wenig Zeit, sich wieder zusammenzusetzen und konstruktivere Themen anzusprechen. Die meisten Rückmeldungen sind negativ. Warum nicht die notwendigen Aktivitäten recyceln, umverteilen und neu organisieren und jeden Tag eine Stunde damit verbringen, sich mit sinnvolleren Themen zu beschäftigen?

3. **Eine unehrliche Partei, die manchmal in Ehen anzutreffen ist, benutzt betrügerische Wege, um zum Ziel zu gelangen.** Wenn Ihre Frau Sie zum Beispiel für irgendeine unnötige Transaktion kritisiert und Sie daraufhin an einen Fehler aus der Vergangenheit erinnern, versuchen Sie, Ihrer Frau die Schuld zu geben. Das ist kein positiver und förderlicher Ansatz. Geben Sie dem Druck nicht nach, wenn die Situation eintritt, und stoppen Sie die Reise der Reue.

4. **So etwas wie der Schuldtrip, über den wir gerade gesprochen haben, ist jetzt ein Fehler.** Normalerweise kümmert sich ein geschäftsführender Partner darum. Wir geben dem Partner die Schuld für alles, so dass wir uns nachtragend fühlen und unter mangelndem Selbstvertrauen und schlechter Laune leiden. Wenn diese Form des Gesprächs der Standard ist, ist es an der Zeit, ernsthaft zu sprechen.

5. **Wenn Sie all diese Kontaktprobleme in Ihrer Beziehung finden, werden Sie versuchen, sie zu lösen.** Das Gute daran ist, dass man sie flicken kann. Sie sollten jedoch sicherstellen, dass es eine gemeinsame Anstrengung ist. Wenn Sie gut zuhören können, wird sich die

Freundschaft verbessern und gut funktionieren. Am Ende würden Sie sich beide viel wohler fühlen und die Höhen und Tiefen des Lebens leichter ertragen können.

Fehler in der Kommunikation und wie man sie vermeidet

Wir verbringen viel Zeit mit der Lektüre und dem Studium von Regeln und Richtlinien für eine effektive Gesprächsführung, aber wir hören nie, dass man uns sagt, dies seien die wichtigsten Kommunikationsfehler oder wie man sie vermeiden kann.

Wenn die Verbindung mit unseren Kindern, unserer Frau, Freunden und Kollegen oder mit jedem, mit dem wir zu einem oder mehreren Zwecken in Kontakt treten, stattfinden soll, hätten wir die Angaben, die Sie gleich lesen werden, gemacht, um uns in einem sehr wichtigen Teil unseres Lebens zu unterstützen.

In den meisten Fällen wird uns geraten, dass wir im Rahmen des Verhandlungsprozesses transparent und präzise sein sollen. Das ist natürlich völlig sachlich. Wir sind darauf trainiert, unsere Argumente sorgfältig zu prüfen und vor allem die Fakten oder das Material zu betonen, um zu sehen, ob das Wissen richtig ist oder nicht. Nun sind die Ursprünge dieses Wissens für jeden, der es nutzen will, unendlich. Durch Bücher und Zeitschriften, Radio, Fernsehen, Zeitungen und das Internet kann man alles zu jedem beliebigen Thema hören oder entdecken.

Wir haben bereits die Voraussetzungen, das Wissen und, mit etwas Glück, die Möglichkeit, uns zu unterhalten; das wäre doch alles, was wir brauchen, oder? Okay, vielleicht nicht. Wir haben Spezifität und Klarheit aufgeführt, um richtig zu kommunizieren, was bedeutet, dass wir nicht unbedingt alle möglichen bedeutungslosen Begriffe oder Begriffe, die nichts bedeuten, verwenden sollten. Das ist sehr beliebt in der Forschung und in einem Umfeld, in dem andere so tun, als wüssten sie alles. Wenn wir bewerten und quantifizieren müssten, wie viel Zeit wir aufwenden würden, wenn wir in die oben genannte Tätigkeit abrutschen würden, wären wir wirklich schockiert und würden versuchen, sie sofort zu beseitigen. Es ist viel realistischer, geradliniger und rationaler, einfach nur die Worte zu wählen, die wir brauchen, um unsere Gedanken auszudrücken, als eine Person sich den Kopf zerbrechen zu lassen, die versucht, die Hälfte von dem, was wir gesagt haben, zu verstehen. Wir sollten die Dichter ermutigen, sich tausende von Möglichkeiten auszudenken, um zum Beispiel "Ich liebe dich" zu sagen.

Das oben Genannte kann im Kontaktzyklus als Inhalt kategorisiert werden, aber es ist nicht alles. Uns fehlt etwas, was oft vergessen wird: die Art oder das Thema, das wir verwenden. Wir haben uns daran gewöhnt, unsere Meinung mit den unpassendsten Mitteln zum Ausdruck zu bringen, von der häufigen Verwendung abwertender Worte oder unnötiger Töne bis hin zu Gesten, die viel über die Erziehung der Person aussagen, die die Informationen erhält. Vor ein paar Tagen erzählte mir eine Krankenschwester, dass sie versuchte, die Schulaufgabe ihrer Tochter zu korrigieren, indem sie sie anschrie: "Das ist Blödsinn, du kannst das nicht begreifen, und die Lehrerin hält dich für verrückt." Konnte sie sie nicht einmal fragen: "Schatz, ist das das Beste, was du kannst? Ich glaube, du kannst es besser." Welcher der beiden Beiträge wird wahrscheinlich eine positivere Wirkung auf die Schülerin haben? Sie hatte zwar gute Absichten, aber weder das Material noch die Art und Weise, wie die Mutter den Kontakt herstellte, deuteten darauf hin, dass sie sich in diesem Moment für ihre Tochter einsetzte.

Das Alter, die Fähigkeiten und das Bildungsniveau des Empfängers sowie der Zeitpunkt und der emotionale Zustand der Person, die uns zuhört, sind wichtig für einen angemessenen Kontakt. Auch wenn wir alle oben genannten Parameter nutzen, um unseren Wünschen Ausdruck zu verleihen, ist dies keine Garantie dafür, dass wir so gehört werden, wie wir es wünschen. Wir haben den besten Radio- oder Fernsehsender des Landes und eine gute Anlage, aber wenn die Radios oder Fernseher nicht eingeschaltet sind, erreicht unser Signal sie nicht, so dass es sinnlos ist, nach anderen Gründen zu suchen. Es liegt auf der Hand, dass wir in jedem einzelnen Fall die Form der Beziehung zwischen den Teilen, das Wesen der Personen, denen wir unsere Botschaft übermitteln wollen, usw. intensivieren und sogar in Betracht ziehen sollten, um die "Kontaktlosigkeit" zu vermeiden, die so viele Probleme für diejenigen verursacht, die immer noch behaupten, dass sie sich selbst moralisch nennen.

KAPITEL 20: WIE MAN ÜBER KONFLIKTE UND EMOTIONEN KOMMUNIZIERT

Konflikte sind in einer Beziehung unvermeidlich. Es ist ein unvermeidliches Ereignis, das immer wieder vorkommt, aber es erfordert einige Maßnahmen von beiden Partnern, um ihm entgegenzuwirken. Viele Beziehungen wurden beendet, weil keine geeigneten Maßnahmen ergriffen wurden, um den Konflikt zu beseitigen und den Weg für eine Wiedervereinigung zu ebnen.

Die wichtigste aller geeigneten Maßnahmen ist die Kommunikation, um die es in diesem Buch geht. Wie kann man auch in einer angespannten, konfliktreichen Atmosphäre eine ständige und ununterbrochene Kommunikation mit dem Partner aufrechterhalten? Viele lassen sich von ihren verletzenden Gefühlen mitreißen und denken nicht daran, ihre Differenzen beizulegen. Viele lassen die Anrufe unbeantwortet; sie geben ihren Partnern keinen Raum; das einfühlsame Zuhören fehlt. Die Merkmale einer dauerhaften Beziehung gehen durch diese Emotionen völlig verloren. Emotionen sollten uns nicht aus dem Konzept bringen. Wenn Sie unangenehme Gefühle gegenüber Ihrem Partner haben, wird von Ihnen erwartet, dass Sie diese Ihrem Partner mitteilen oder ihn auf seine Fehler hinweisen, und das ist ein schnelles Mittel, um die Beziehung während des Konflikts aufzubauen.

Das Vertrauen in den Partner kann an einem bestimmten Punkt im Leben etwas schlapp sein. Ihr Gehirn erschafft falsche Geschichten in Ihrem Kopf, die Sie misstrauisch gegenüber Ihrem Partner machen, vielleicht aufgrund seiner Gesten oder weil Sie eine starke Kommunikation mit ihm wünschen. Oder weil Ihr Partner in einem kritischen Moment, als Sie ihn am meisten brauchten, nicht zur Verfügung stand. Ungeduldig zu sein und schnell zu urteilen hilft nicht, sondern zerstört das Vertrauen in eine Beziehung. Deshalb müssen wir vorsichtig sein, wenn wir von unseren Gefühlen überwältigt werden.

Kommunikation ist ein Schlüsselfaktor zur Vermeidung von Konflikten, trotz der Gefühlsausbrüche und der Angst, dass Ihr Partner Ihnen aus dem Weg geht oder sich mit jemand anderem trifft. In der Tat sollten diese Gefühle, so herzzerreißend sie auch sein mögen, unterdrückt werden, da sie sonst zu einer Spaltung der Beziehung führen. Das ist es. Eine Kommunikation, bei der beide Parteien offen, aufrichtig und zuverlässig sind, schafft Raum für eine dauerhafte Verbindung oder Beziehung, wie auch immer sie aussehen mag. Emotionen werden zwischen den Partnern geteilt, ohne dass man Angst haben muss.

Es gibt zum Beispiel einige Partner in einer neuen Beziehung, die Angst davor haben, was ihre Ehe in der Zukunft bringen wird. Solche Partner ziehen es vor, zu schweigen und die Angst in sich zu tragen; sie wollen ihrem Partner nicht sagen, wie sehr sie diese erniedrigenden Ängste beunruhigen. Diese Paranoia führt dazu, dass ihre Partner sie verlassen.

Um ein starkes Fundament zu schaffen, muss jede Partei durch und durch aufrichtig sein und alles, was sie stört, auf den Tisch legen, um es mit ihren Partnern zu besprechen. In dieser Richtung wird die Zusammengehörigkeit ihnen die Energie geben, jede Angst zu bekämpfen. Das ist es, was einige Menschen vorgeben zu ignorieren, und es kommt zurück, um sie zu verletzen und ihrer Beziehung ein Ende zu setzen. Sie neigen dazu, Schuldzuweisungen nicht zu akzeptieren und sich bei der Lösung des Konflikts unterzuordnen. Beide Parteien müssen sich bemühen, der Hort ihrer Beziehung zu sein, wenn sie glüht oder stirbt; es liegt an der Reaktion der Partner.

Es braucht einen guten Ansatz, um das Vertrauen in einer Beziehung durch Kommunikation zu formen, ohne sich um den Konflikt zu kümmern. Um das Herz mit der Ernte von Emotionen zu vermeiden, die eine Trennung in Ihrer Beziehung verursachen, ist die Kommunikation beider Parteien entscheidend. Wenn jede Partei eine sichere Kommunikation pflegt, wird dies ihre Bindung weiter stärken. Um Ihre Beziehung auch bei Konflikten aufzubauen, ist Kommunikation die beste Lösung.

Ich schlage den Weg der drei Bs vor: Glauben, Winken und Werden. Die Drei-B-Methode wird Ihnen dabei helfen, spätere Konflikte zu vermeiden, die für Ihre Beziehung katastrophal sind. Lesen Sie bitte aufmerksam, um sie zu verstehen.

- **Glaube:** Jede Beziehung, in der das Glaubenssystem - d. h. der Glaube an den Partner - beiseite geschoben wird, ist höchstwahrscheinlich nicht auf Vertrauen aufgebaut. Emotionen untergraben dann die Liebe des anderen, wenn es zu Krisen kommt. Um eine bessere Grundlage zu schaffen, wird erwartet, dass man an seinen Partner glaubt, in guten wie in schlechten Zeiten. Dieser Glaube sollte konstant sein, da er eine dauerhafte Verbindung hervorbringt.

- **Abwinken:** Es gibt Zeiten, in denen wir uns unseren Partnern annähern, die positiven Emotionen schaffen ein starkes Band für uns, wir werden von der Liebe angetrieben und so werden wir blind für drohende Konflikte. In solchen Zeiten kann der Konflikt wie ein Wirbelwind kommen, aber es braucht die Fähigkeit beider Partner, sich entweder der Trennung zu beugen oder so viel wie möglich zu versuchen, das Auseinanderdriften zu verhindern.

- **Werden:** Wenn wir diesen wunderbaren Grund finden, in guten wie in schlechten Zeiten bis in alle Ewigkeit mit einem Partner zusammenzubleiben, ist es wichtig, dass wir versuchen, dynamisch mit dem umzugehen, was das Schicksal uns bringen könnte. Es kann sein, dass Konflikte zwischen den Partnern durch Emotionen ausgelöst wurden, aber es braucht einen starken Geist, um sich an das Eheversprechen zu halten. Beide Partner müssen über ihre Stärken und Schwächen informiert sein, um Konflikte zu überwinden.

Es besteht kein Zweifel, dass Emotionen und Konflikte in einem ungünstigen Verhältnis zueinander stehen. Man muss ein Experte sein, um sie zu beseitigen, wenn sie sich an das Herz binden, und zwar auf angemessene Weise. Es ist sehr wichtig zu betonen, dass die Gesundheit jeder Beziehung ausschließlich von beiden Partnern abhängt.

KAPITEL 21: KONFLIKTMANAGEMENT; WIE MAN NICHT STREITET

Das Zuschlagen von Türen, wütende Worte, Schweigen und andere destruktive Verhaltensweisen werden zur Norm, wenn zwei Menschen in einer Beziehung ständig streiten. Verbaler Missbrauch kann genauso schädlich sein wie körperlicher Missbrauch. Machen Sie sich also nicht vor, dass Sie sich nicht gegenseitig verletzen, nur weil Sie sich verbal streiten.

Jede Beziehung wird ihre Höhen und Tiefen haben. Es wird Tage geben, an denen Sie Ihren Partner nicht mögen, und es wird Tage geben, an denen der Drang, etwas gegen die Wand zu werfen, so stark ist, dass Sie sich kaum zurückhalten können. Der Mensch ist von Natur aus emotional. Leider sind es die Menschen, die wir lieben, die uns am meisten verletzen. Deshalb wird es in jeder Beziehung zu Konflikten kommen.

Wenn zwei Menschen mit unterschiedlichem Hintergrund und unterschiedlichen Glaubenssystemen zusammenkommen, wird es manchmal zu Meinungsverschiedenheiten kommen. Das Problem in einer Beziehung ist nicht, dass es einen Konflikt gibt, sondern vielmehr, wie der Konflikt gehandhabt wird. Wenn Sie eine Meinungsverschiedenheit nicht lösen können, ohne einander anzuschreien oder gemein zu sein, haben Sie eine ungesunde Art, Konflikte zu lösen.

Wenn Sie Ihrem Partner Zuneigung vorenthalten, ihn mit Schweigen bestrafen oder bedrohen, um Ihren Willen durchzusetzen, kann Ihre Unfähigkeit, Konflikte zu lösen, Sie Ihre Beziehung kosten. So wie die Menschen unterschiedliche Persönlichkeiten haben, haben wir alle ein unterschiedliches Temperament. Manche Menschen lassen sich leicht zu Wutausbrüchen provozieren, während andere in stressigen Situationen ruhig bleiben können.

Wenn Sie verstehen, zu welchen emotionalen Reaktionen Sie neigen, wenn Sie gestresst oder ängstlich sind, können Sie Ihre Emotionen besser unter Kontrolle halten. Dies wird Ihnen helfen, Meinungsverschiedenheiten zu führen, ohne Feindseligkeit zu erzeugen oder zu aggressivem oder passiv-aggressivem Verhalten zu greifen.

Ganz gleich, wie wütend Sie sind, denken Sie immer an das große Ganze. Es mag befriedigend sein, Ihren Partner in der Hitze des Gefechts zu verprügeln, aber wie wird Ihre Beziehung danach sein? Wenn jede Meinungsverschiedenheit mit einer Trennung enden würde, gäbe es keine nennenswerten Beziehungen mehr. Sie sollten eine Meinungsverschiedenheit als Möglichkeit sehen, ein Problem zu lösen, und nicht als Mittel, der anderen Person Ihren Willen aufzuzwingen.

Absolute Aussagen wie "nie" oder "immer" können Sie blenden und daran hindern, rationale Entscheidungen zu treffen. Sie schränken Ihre Möglichkeiten ein und geben Ihnen eine enge Perspektive, mit der Sie arbeiten können. Vermeiden Sie es, Entscheidungen zu treffen, wenn Sie wütend sind. Lernen Sie, sich von der Situation zurückzuziehen, bis Sie sich ruhig genug fühlen, um eine Diskussion zu führen.

Wenn Emotionen Sie blenden, neigen Sie dazu, die Bedürfnisse der anderen Person zu vergessen und sich nur darauf zu konzentrieren, das zu bekommen, was Sie wollen. Das ist keine Konfliktlösung, sondern eher kontrollierendes oder manipulierendes Verhalten. Wenn Sie versuchen, eine gemeinsame Basis zu finden, müssen Sie die Ansichten Ihres Partners berücksichtigen, auch wenn Sie nicht mit ihnen übereinstimmen. Wenn wir auf andere

Rücksicht nehmen, können wir dasselbe auch von ihnen erwarten. Wenn Sie stur auf Ihrem Standpunkt beharren, warum sollten Sie dann erwarten, dass die andere Person nachgibt?

Ihre Beziehung sollte sich nie wie ein Wettbewerb anfühlen. Auch wenn Sie nicht einer Meinung sind, sollten Sie Partner und nicht Gegner bleiben. Wenn Sie ständig das Bedürfnis haben, Ihren Partner vorzuführen oder einen Streit zu "gewinnen", haben Sie den Sinn einer Beziehung völlig verfehlt.

Die Schlacht gewinnen, um den Krieg zu verlieren

Wollen Sie sich zwei Stunden lang darüber streiten, wer vergessen hat, den Müll rauszubringen? Es ist nicht ungewöhnlich, dass sich Paare über die kleinsten Dinge heftig streiten. Ständiges Gezänk wird mit der Zeit zur Gewohnheit, und Sie stellen fest, dass die Momente, in denen Sie mit Ihrem Partner in Harmonie sind, täglich weniger werden. Deshalb ist es wichtig, dass man weiß, wie man seine Kämpfe austrägt.

Sie wollen zwar nicht, dass Ihr Partner Sie übergeht, aber sich über Kleinigkeiten aufzuregen, ist Selbstsabotage. Das Zusammenleben mit einem nörgelnden Partner kann emotional anstrengend sein und führt in den meisten Fällen dazu, dass sich die andere Person von Ihnen entfernt. Es gibt einen Grund dafür, dass manche Menschen von der Arbeit direkt in die Bar gehen, anstatt zu ihrem Partner nach Hause zu kommen. Es gibt nichts Wichtigeres als Seelenfrieden, und wenn man den zu Hause nicht hat, sucht man ihn woanders.

Die Forschung hat gezeigt, dass Nörgeln selten funktioniert. Für die meisten Menschen wird Nörgeln als Kritik empfunden, was die andere Person sofort in die Defensive drängt. Wenn Ihr Partner sich an Ihr Nörgeln gewöhnt hat, schaltet er wahrscheinlich sofort ab, sobald Sie anfangen zu reden. Langsam fängt er an, Sie zu verärgern, weil er sich persönlich angegriffen fühlt.

Sie haben bessere Chancen auf Erfolg, wenn Sie freundlich und gesprächig mit Ihrem Partner sprechen. Widerstehen Sie dem Drang, ihn gleich in dem Moment zu bedrängen, in dem er durch die Tür kommt. Suchen Sie den richtigen Zeitpunkt, um Probleme anzusprechen, vorzugsweise dann, wenn Ihr Partner entspannt und offen für Kommunikation ist. Wenn Sie den richtigen Zeitpunkt wählen, erzielen Sie oft ein besseres Ergebnis, weil Sie die andere Person nicht verärgern oder angreifen.

Letztendlich ist nicht jeder Streit wert, geführt zu werden. Manchmal müssen Sie sich entscheiden, loszulassen und Ihre Energie für die wichtigen Themen zu sparen. Akzeptieren Sie die Tatsache, dass es Dinge an Ihrem Partner gibt, die Sie vielleicht nie mögen, und erkennen Sie auch an, dass es Dinge an Ihnen gibt, die er oder sie vielleicht nie mag. Das ist in jeder Beziehung ganz normal und gesund. Selbst bei Ihrem besten Freund und Ihrer Familie gibt es Dinge, die Sie stören, aber akzeptieren Sie sie, wie sie sind. Seien Sie auch Ihrem Partner gegenüber so höflich.

Überlegen Sie, was Sie erreichen wollen, wenn Sie einen Streit anfangen. Wollen Sie Ihrem Partner nur ein schlechtes Gewissen machen, weil er Sie verletzt hat, oder versuchen Sie, ein grundlegendes Problem zu lösen? Ihr Motiv sollte Ihnen Aufschluss darüber geben, ob Sie sich auf einen bestimmten Streit einlassen müssen. Wenn es Ihnen mehr darum geht, zu gewinnen oder zu verlieren, als ein Problem zu lösen, sind Sie aus den falschen Gründen dabei.

Wenn Ihr Motiv mehr mit Rache als mit einer Lösung zu tun hat, sollten Sie die Situation hinter sich lassen. Vielleicht gelingt es Ihnen tatsächlich, Ihren Partner zu verletzen, aber letztendlich wird er Sie dafür weniger lieben, und Sie werden Ihre Beziehung ruiniert haben, um Ihren Standpunkt zu beweisen.

Schaffen Sie eine Pausentaste in Ihrem Kopf, die Sie stoppt, wenn Sie anfangen, außer Kontrolle zu geraten. Wenn Sie zum Beispiel anfangen, Ihre Stimme zu erheben oder gemeine Dinge zu sagen, drücken Sie in diesem Moment Ihre mentale Pausentaste. Wenn Sie sich überfordert fühlen oder bemerken, dass Ihr Partner sich aufregt, beenden Sie die Diskussion und sagen Sie mit Nachdruck: "Wir können das besprechen, wenn ich mich beruhigt habe oder nicht mit Ihnen reden, wenn Sie so sind.

Sie können ärgerliche Meinungsverschiedenheiten und Konflikte in Ihrer Beziehung vermeiden, wenn Sie wissen, wie Sie Meinungsverschiedenheiten austragen können, ohne sich gegenseitig zu verletzen.

Do's

• Es ist in Ordnung, sich darauf zu einigen, nicht einer Meinung zu sein. Nicht jeder Konflikt muss damit enden, dass beide Parteien zu einer Einigung kommen. Bei manchen Themen müssen Sie sich mit unterschiedlichen Standpunkten abfinden.

• Halten Sie die persönlichen Angriffe aus Ihren Meinungsverschiedenheiten heraus. Diskutieren Sie über das Thema, nicht über die Person. Weisen Sie nicht auf die Schwächen Ihres Partners hin, um ihn zu verunsichern oder ihm Schuldgefühle zu machen, damit er Ihnen zustimmt.

• Bleiben Sie bei Ihren Meinungsverschiedenheiten in der Gegenwart, und widerstehen Sie der Versuchung, alte Themen und Fehler aus der Vergangenheit wieder aufzugreifen.

• Hören Sie auf, alle Ihre Probleme zu bündeln und sie zu einem großen Problem zu verknüpfen. Gehen Sie die Probleme an, wenn sie auftauchen, und finden Sie Lösungen für jedes Problem. Häufen Sie nicht alle Ihre Beschwerden an, um sie später als Munition gegen Ihren Partner zu verwenden.

• Übernehmen Sie die Verantwortung für Ihren Teil des Konflikts. Zum Tango gehören immer zwei, und Sie beide haben die meisten Probleme in Ihrer Beziehung verursacht. Indem Sie anerkennen, was Sie falsch gemacht haben, ermutigen Sie auch die andere Person, ihre Fehler zu akzeptieren. Auf diese Weise können Sie das Problem lösen und hinter sich lassen. Stur auf seinem Standpunkt zu beharren, selbst wenn man weiß, dass man im Unrecht ist, trägt nicht zur Beilegung von Meinungsverschiedenheiten bei.

• Achten Sie auf Ihre Sprache. Verwenden Sie keine abwertenden Begriffe oder Beleidigungen, um Ihren Standpunkt zu verdeutlichen. Bleiben Sie in der Diskussion höflich und vermeiden Sie es, Feindseligkeit zu erzeugen. Je mehr Sie die andere Person angreifen, desto mehr verschließt sie sich und desto unwahrscheinlicher ist es, dass Sie Ihren Konflikt lösen können.

• Suchen Sie sich einen sicheren Ort, an den Sie sich zurückziehen können, ohne den Konflikt diskutieren zu müssen. Das kann Ihr Schlafzimmer sein oder ein anderer Ort, an dem Sie das Gefühl haben, dass Sie eine Art Pause vom Konflikt brauchen. Das wird Ihnen einen Teil des Drucks nehmen und Ihnen einen sicheren Raum und Zeit geben, Ihre Gefühle zu verarbeiten.

• Legen Sie einen Zeitrahmen fest, in dem Sie das Problem besprechen und zu einem Ende bringen können. Sie wollen nicht tagelang immer wieder auf das gleiche Problem zurückkommen. Legen Sie einfach eine bestimmte Zeit fest und beschließen Sie, dass Sie beide bis zum Ende dieser Zeit einen Kompromiss finden und das Thema ruhen lassen sollten. Das kann eine Stunde, dreißig Minuten oder so lange sein, wie Sie meinen, dass Sie den Konflikt ansprechen und lösen müssen.

Was man nicht tun sollte

• Versuchen Sie nicht zu gewinnen, indem Sie auf Ihrem Standpunkt beharren, egal was passiert. Wenn Sie Konflikte als einen Kampf um die Vorherrschaft betrachten, wird es schwierig sein, eine Lösung zu finden.

• Betrachten Sie Ihren Partner nicht als Ihren Konkurrenten. Egal, was passiert, denken Sie daran, dass Sie in der Beziehung zusammen sind und dass Sie auch nach der Meinungsverschiedenheit noch miteinander leben müssen.

• Seien Sie nicht manipulativ. Wenn Sie Drohungen, Aggressionen und Manipulationen einsetzen, um Ihren Willen durchzusetzen, bedeutet dies, dass der Konflikt nicht beigelegt wird. Das bedeutet, dass Sie früher oder später wieder denselben Streit haben werden, aus dem Sie sich herauswinden wollten.

• Lügen Sie nicht. Auch wenn Sie Angst vor dem Ergebnis haben, widerstehen Sie dem Drang, unehrlich zu sein oder Ihren Partner in die Irre zu führen. Seien Sie offen und wahrhaftig.

• Lassen Sie sich nicht von Ihren Emotionen überwältigen. Wenn Sie wütend oder defensiv werden, steht das einer effektiven Kommunikation im Wege, wenn Sie die Diskussion unterbrechen müssen, bis Sie sich beruhigt haben und sich konstruktiv einbringen können.

• Verwenden Sie die Vergangenheit nicht gegen Ihren Partner oder um Ihr Handeln zu rechtfertigen. Kümmern Sie sich um das aktuelle Problem, ohne zu versuchen, Vermutungen auf der Grundlage früherer Erfahrungen anzustellen.

• Stimmen Sie nicht zu, nur um zuzustimmen. Drücken Sie sich klar aus und vermeiden Sie es, ja zu sagen, nur um der anderen Person zu gefallen. Wenn Sie es sich zur Gewohnheit machen, mitzumachen, um mitzukommen, werden Sie ständig unzufrieden sein, weil Sie versuchen, Ihre wahren Gefühle zu unterdrücken.

KAPITEL 22: KOMMUNIKATION BEI KONFLIKTEN IN DER EHE

Konflikte sind in jeder Beziehung unausweichlich. Die Art und Weise, wie Paare während eines Konflikts kommunizieren, entscheidet jedoch maßgeblich darüber, ob das Problem gelöst wird oder ob es andauert und die Beziehung auffrisst. Eines der dringendsten Probleme, mit denen Paarberater konfrontiert sind, ist die Unterstützung von Paaren bei der Vermittlung ihrer Bedürfnisse mit dem Ziel, dass ihre Partner darauf eingehen. Die Suche nach den Schlüsseln für eine überzeugende Kommunikation ist ein dringendes Anliegen für alle Arten von Beratern.

In Büchern zur Selbstverbesserung werden viele Ideen geteilt. Eine gängige Empfehlung lautet, regelmäßig "Ich"-Wörter statt "Du"-Wörter zu verwenden. Sagen Sie zum Beispiel: "Ich ärgere mich, wenn du deine schmutzigen Klamotten auf dem Boden des Waschraums liegen lässt", anstatt zu sagen: "Du ärgerst mich, wenn du dies oder das tust." Es geht darum, nicht nach einem anderen Schuldigen zu suchen. Wie dem auch sei, die verborgene Schuld ist für die missachtete Partei immer noch offensichtlich.

Therapeuten haben viele Kommunikationsstrategien für Paare entwickelt, die sie bei Konflikten anwenden können, und sie überprüfen auch, ob die Probleme gelöst wurden. Dabei stellten sie fest, dass kein bestimmter Kommunikationsstil dauerhaft wirksam ist. Umso erstaunlicher ist die Erkenntnis, dass Kommunikationsstile, die Wertschätzung vermitteln, sehr überzeugend sein können. Die Fachleute halten fest, dass der beste Kommunikationsstil von vier Variablen abhängt.

1. **Das Bedürfnis nach Fortschritt:** Probleme, die den Fortbestand der Beziehung gefährden, wie Untreue oder fehlende Intimität, sollten näher beleuchtet werden, im Gegensatz zu Kleinigkeiten wie dem Zurücklassen von Zahnpasta im Waschbecken.

2. **Plausibilität des Fortschritts:** Es gibt keinen Grund, sich mit Ihrem Partner über ein Problem zu streiten, das nicht in seiner Macht liegt. Wenn Ihr Partner zum Beispiel wirklich nichts gegen sein Keuchen tun kann, sollten Sie nicht meckern. Finden Sie stattdessen eine Lösung, z. B. getrennte Zimmer.

3. **Inspiration für den Betreiber:** Bevor Sie ein Problem mit Ihrem Partner ansprechen, überlegen Sie, worüber Sie sich wirklich ärgern. Sie können versteckte Intimitätsprobleme nicht verstehen, wenn Sie jedes Mal ausrasten, wenn Ihr Partner die Zahnpasta in der Mitte des Zylinders zerdrückt, anstatt am Ende.

4. **Die Schwachstellen des Partners:** Wenn die beiden Partner die emotionale Entschlossenheit haben, ein Problem zu lösen, ist eine unmittelbare Diskussion der Probleme im Allgemeinen die beste Vorgehensweise. Wenn Sie jedoch feststellen, dass Ihr Partner sich im Allgemeinen defensiv verhält, wenn er getestet wird, müssen Sie eine andere Methode anwenden. Wenn Ihr Partner entmutigt ist, kann es außerdem sein, dass er sich für Veränderungen, die aus Ihrer Sicht nicht als störend empfunden werden, nicht gewappnet fühlt.

Bei der Untersuchung von Kommunikationsstilen hat man festgestellt, dass sie zwei Maßstäben entsprechen: Erstens kann die Kommunikation entweder direkt sein (das Thema wird ausdrücklich genannt) oder hinterhältig (das Thema wird durch Albernheiten, Ansporn oder Spott ausgedrückt). Zweitens kann die Kommunikation entweder Zusammenarbeit (Konzentration auf die Sache) oder Einschränkung (Konzentration auf das Verhalten des Partners) beinhalten. Die Überschneidung dieser beiden Messungen ergibt vier Kommunikationsstile.

Direkte Zusammenarbeit

Diese Methode nutzt das Denken und den freundlichen Austausch, um einen Konflikt zu lösen. Nehmen wir zum Beispiel an, Sie machen sich Sorgen um die Familienkasse und sprechen mit Ihrem Lebenspartner darüber. Sie beide vereinbaren, die Ursache des Problems und mögliche Probleme zu untersuchen, z. B. Kreditkarten zu Hause zu lassen, anstatt sie im Portemonnaie zu haben, oder zu Hause zu essen, anstatt auswärts zu essen.

Direkte Zusammenarbeit

Dies ist der ideale Ansatz, um sich um alltägliche Probleme zu kümmern; allerdings wird dabei ernsten Angelegenheiten nicht genügend Bedeutung beigemessen, was die Beziehung gefährden kann. Wenn Ihr Partner zurückhaltend oder entmutigt ist, wird Ihr Versuch einer direkten Beteiligung wahrscheinlich im Sande verlaufen.

Kooperation auf Umwegen

Diese Methode nutzt Ablenkung und Liebesbekundungen, um das Problem anzusprechen. Wenn deine bessere Hälfte zum Beispiel ihr Handy mit ins Bett nimmt, könntest du darüber scherzen, dass sie ständig ein Trio braucht. Wenn sie die vorsichtige Art ist, kann diese Methode Ihre Botschaft übermitteln, ohne ihre Wachen auszulösen, vor allem, wenn Sie es mit einer Erklärung verbinden, die zeigt, wie sehr Sie die Beziehung schätzen, zum Beispiel: "Allerdings würde ich gerne alle von Ihnen für mich haben."

In jedem Fall werden bei einer Zusammenarbeit auf Umwegen ernsthafte Probleme nicht angesprochen. Es könnte sogar dazu führen, dass Ihr Partner denkt, das Problem sei Ihnen nicht wichtig. Wenn Sie zum Beispiel besorgt sind, dass die Zuneigung Ihrer besseren Hälfte zu einer anderen Frau abschweift, könnte eine lockere, fröhliche Bemerkung ihm signalisieren, dass Sie mit dieser Situation nicht einverstanden sind.

Hinterhältige Opposition

Bei dieser Methode versucht man, das Verhalten des Partners zu ändern, indem man ihm die Schuld zuschiebt und um Mitgefühl bittet. In einer typischen Situation zeigen Studien, dass Personen mit hoher Beziehungsspannung im Allgemeinen auf diesen Kommunikationsstil angewiesen sind, da er ihre Instabilität in der Beziehung für eine Weile beruhigt.

In der Regel ist eine solche Einschränkung destruktiv für die Beziehung. Partner hassen es, zu etwas gezwungen zu werden, und wenn sie sich darauf einlassen, vervielfacht sich die Verachtung, so dass das Problem im Allgemeinen nicht gelöst wird. Wenn Ihr Partner außerdem sehr konfliktscheu ist, wird er nicht nur die Schuld von sich weisen, sondern sich wahrscheinlich auch von Ihnen distanzieren. In der Folge wird aus einem kleinen Problem ein großes.

Wenn die beiden Partner jedoch rastlos vereint sind, kann die Beziehung ohne das Drama von Vorwürfen, Verletzungen und Bitterkeit erblühen, sondern vielmehr durch Mitgefühl, unsterbliches Engagement und einsame Liebe. Manche Paare lieben einen freundschaftlichen Streit, weil es so viel Spaß macht, sich zu versöhnen und wieder hoffnungslos verliebt zu sein.

Direkte Opposition

Bei dieser Methode stehen Sie Ihrem Partner direkt und auf komplizierte Weise gegenüber, mit Empörung in Ihrer Stimme. Sie disziplinieren Ihren Partner für das Problem und fordern eine Änderung. Dies ist vergleichbar mit dem "Kampf ohne Hemmungen", der regelmäßig der entscheidende Moment in einer lustigen Komödie oder Show ist. Dieser Kommunikationsstil ist sehr unsicher, aber schauen Sie sich Sendungen an, in denen er der beste Ansatz ist, wenn die Beziehung auf dem Spiel steht. Der Grund dafür ist, dass die anschließende Dramatisierung dem Partner die Bedeutung des Problems und die Notwendigkeit seiner Beilegung deutlich macht.

In einigen anderen Fällen jedoch wird direkter Widerstand wahrscheinlich mehr Schaden anrichten als alles andere. Wenn Sie explodieren, wenn Ihr Partner es versäumt, eine weitere Rolle Toilettenpapier auf den Halter zu legen, oder wenn Sie ausrasten, wenn Ihre bessere Hälfte Schlamm auf dem Teppich hinterlässt, reagieren Sie falsch auf das Problem. Außerdem wird sich Ihr Partner schlecht fühlen, so dass er noch weniger Antrieb hat, das Problem zu lösen.

Wenn Ihr Partner ein gesundes Selbstwertgefühl hat, wird er höchstwahrscheinlich vergessen, dass Sie passen, um Sie beim nächsten Mal nicht zu verärgern. Wenn er jedoch mit emotionalen Problemen zu kämpfen hat, kann direkter Widerstand verheerende Auswirkungen haben.

Nehmen wir an, Ihr Lebensgefährte ist seit einem Vierteljahr arbeitslos und verbringt seine Tage auf der Couch vor dem Fernseher. Eine Rüge wird ihn nicht überzeugen, sondern ihn nur noch deprimierter machen. Erfolgreiche Kommunikation in einem Beziehungskonflikt erfordert ein hohes Maß an Achtsamkeit, insbesondere ein Verständnis für den Charakter des Partners.

Kein bestimmter Kommunikationsstil funktioniert unter allen Umständen. Zumindest müssen wir unsere Methoden auf unsere Bedürfnisse und die Schwachstellen unseres Partners abstimmen. Wenn Sie feststellen, dass Sie zu Ihrem Partner nicht durchdringen, ist das die ideale Gelegenheit, Ihren Kommunikationsstil zu überdenken.

KAPITEL 23: VERBESSERUNG DER KOMMUNIKATION

Kommunikation ist der wichtigste Baustein einer jeden Beziehung. In den vorangegangenen Kapiteln haben wir gelernt, dass mangelnde Kommunikation zwischen Partnern zu schlechtem Zuhören, Streit und Meinungsverschiedenheiten zwischen den Partnern führen kann. Wir haben auch gesehen, wie schlechte Kommunikation zwischen Partnern zu unglücklichen und ungesunden Ehen führen kann, etwas, das niemand verdient hat.

Verstehen Sie, was ich zu sagen versuche?

Haben Sie jemals Leute gesehen, die chinesisches Flüstern (das Telefonspiel) spielen? Sehen Sie, wie schlecht sie raten, wenn sie versuchen, die Worte zu sagen, von denen sie dachten, sie hätten die andere Person gesagt? Meistens geht das eigentliche Wort oder der Satz bei der Übertragung verloren, und so ähnlich ist es auch in Beziehungen. Wenn die Partner nicht offen miteinander kommunizieren, werden die Gefühle, Emotionen und das Glück verzerrt. Wenn die meisten Dinge, die man dem anderen sagen möchte, im Herzen bleiben, sterben sie einen schrecklichen Tod. Um eine Beziehung sinnvoller und glücklicher zu gestalten, müssen wir daher die Kommunikationsbarrieren kennen, mit denen Paare konfrontiert sind, wenn sie versuchen, sich mit anderen zu unterhalten, damit ihre Beziehung nicht wie das chinesische Flüstern selbst ist.

Die Barrieren der Kommunikation

Den falschen Zeitpunkt wählen

Die Wahl eines Zeitpunkts, zu dem einer oder beide Partner emotional nicht verfügbar sind, kann das größte Hindernis sein. Planen Sie für wichtige Gespräche immer eine Zeit ein, in der sie im Detail besprochen werden können. Denken Sie außerdem daran, dass Sie alle äußeren Ablenkungen beseitigen müssen, d. h. Sie müssen Ihre Telefone weglegen, den Fernseher ausschalten und sich gegenseitig Ihre volle Aufmerksamkeit schenken. Es hat keinen Sinn, ein Gespräch zu führen, wenn beide Partner abgelenkt sind oder etwas Wichtiges in ihrem Kopf haben. Diese Art von Gesprächen hinterlässt selten Spuren, deshalb sollten Sie sich Zeit für wichtige Gespräche nehmen.

Zu sehr urteilend sein

Wenn Sie sich anhören, was Ihr Partner zu sagen hat, versuchen Sie, nicht wertend oder pingelig zu sein, sonst fühlt er sich nicht respektiert. Es kann sein, dass man ein wichtiges Anliegen hat, das man besprechen möchte, aber angesichts der respektlosen Haltung wird man es vielleicht nicht tun. Seien Sie daher immer offen für Gespräche und hören Sie aufmerksam zu. Warten Sie, bis der Partner an der Reihe ist, und bieten Sie ihm dann etwas an. Denken Sie daran, dass Ihr Gesprächspartner eine unvoreingenommene Meinung von Ihnen erwartet und diese auch bekommen sollte. Ist dies nicht der Fall, wird es wahrscheinlich das letzte Mal sein, dass er sich Ihnen gegenüber öffnet. Wie würden Sie sich an ihrer Stelle fühlen?

Zu kritisch oder negativ sein

Wenn ein Partner alle Ideen, die Sie vorbringen, ablehnt, wird er nicht mehr mit weiteren Ideen zu Ihnen kommen, da er sich durch Ihre ablehnende Haltung weniger wertgeschätzt fühlt. Das Ziel sollte es sein, ausdrucksstärker zu sein, und Negativität unterdrückt nur die eigene Redefreiheit. Wenn Sie zu kritisch sind, kann das auch als mangelnde Wertschätzung Ihres Partners ausgelegt werden, was ihn noch weiter vergrault.

Sie während des Gesprächs unterbrechen

Manchmal sucht ein Partner nur nach einer Möglichkeit, seine Frustration oder seinen Kummer loszuwerden. Er sucht nicht nach Antworten, und wenn Sie ihm zufällig genau das anbieten, indem Sie ihn zwischendurch unterbrechen, kommt er sich dumm vor. Auch sie wissen, was sie tun sollten; sie wollen nur Ihre Unterstützung, nicht Ihre Meinung oder Ihren Rat. Unterbrechungen können auch ein Hindernis für künftige Gespräche sein, bei denen der Partner das Gefühl hat, dass er sich nicht vollständig äußern kann.

Verwendung von "Sie"-Aussagen

Die übermäßige Verwendung des Wortes "du" in Gesprächen entfremdet die Sprecher vom Problem und gibt stattdessen dem anderen Partner die Schuld. Es wird eher zu einem Hin- und Herschieben von Schuldzuweisungen als zu einem gesunden Gespräch. Andererseits kann die Verwendung von "Ich"-Aussagen einfühlsamer und verständnisvoller wirken. Der andere Partner hat nicht das Gefühl, dass er der Einzige ist, der ein Problem hat. "Ich"-Aussagen bedeuten auch, dass der Partner die Schuld teilt und bereit ist, darüber zu sprechen.

Anzeichen dafür, dass Ihre Kommunikation gut oder schlecht ist

Nachdem wir nun die Kommunikationsbarriere identifiziert haben, müssen wir prüfen, wie gut oder schlecht sie bereits ist, damit wir darauf hinarbeiten können, sie nützlicher, ergebnisorientierter und fruchtbarer zu machen. Stellen Sie sich dies als einen schrittweisen Prozess vor. Der erste Schritt bei jedem Problem ist die Identifizierung. Im zweiten Schritt geht es darum, die Probleme anzugehen oder festzustellen, ob das Problem fortbesteht oder nicht. Schließlich werden wir uns mit den Mitteln zur Lösung des Problems befassen.

Gut: Ihre Gespräche sind tiefgründig und bedeutungsvoll

Jedes Mal, wenn Sie sich zusammensetzen, um zu plaudern, schaffen Sie diese erstaunliche Aura, in der Sie beide Ihr wahres Selbst sind. Ihr müsst nichts aneinander verbergen oder euch weniger wertgeschätzt fühlen. Wenn ihr euch unterhaltet, sprecht ihr über alles, vom Beginn bis zum Ende eures Tages und über alles, was dazwischen liegt, ob gut oder schlecht. Sie sprechen offen über Perspektiven und haben keine Angst, darauf hinzuarbeiten. Sie können auch Ihre Emotionen und Gefühle ausdrücken und haben das Gefühl, dass nichts zwischen Sie kommen kann.

Schlecht: Ihre Gespräche sind fade und nicht existent

Es gibt kein Glück in den Gesprächen, die Sie führen. Sie beide leben praktisch wie zwei Fremde im selben Haus, haben Ihre Interessen und Hobbys. Sie interessieren sich weder dafür, wie der Tag Ihres Partners war, noch fragt er nach Ihrem. Für Außenstehende mögen Sie wie das perfekte Paar wirken, aber Sie haben selten die Momente, in denen Sie sich frei ausdrücken können.

Sehr gut: Sie beide sind aufmerksame Zuhörer

Wir alle haben das Bedürfnis, gehört zu werden, und wenn Sie jemanden in Ihrem Leben haben, der ein offenes Ohr hat, sind Sie die glücklichste Seele auf dem Planeten Erde. Sie beide sind außergewöhnlich aktive Zuhörer und unterstützen sich gegenseitig, ohne zu urteilen oder voreingenommen zu sein. Sie gehen mit jeder Diskussion reiflich um, wie Erwachsene, ohne sich gegenseitig zu beschuldigen. Sie bieten Ratschläge oder Meinungen nur an, wenn Sie danach gefragt werden.

Schlecht: Sie reden mehr, als Sie zuhören

Es gibt mehr Lärm als ein wirkliches Gespräch, weil Sie beide scheinbar gleichzeitig zu reden beginnen. Keiner von Ihnen ist bereit, zuzuhören, und Sie wollen nur ausdrücken, was Sie fühlen, ohne sich um die Gefühle des anderen zu kümmern. Beide Partner haben das Gefühl, dass das, was sie sagen, weniger wichtig ist, und drängen auf ihre Ziele.

Gut: Sie reden eher, als dass Sie Gefühle zeigen

Wenn Sie wichtige Themen besprechen, die Sie beide betreffen, besteht die Möglichkeit, dass Sie sich streiten, wenn Sie unterschiedliche Meinungen haben. Bei Ihnen ist das jedoch nicht der Fall. Sie beide hören sich die Ideen und Meinungen des anderen in einer ruhigen und entspannten Art und Weise an, ohne sich aufzuregen. Das macht es einfacher, mit Ihrem Partner zu sprechen, weil es weniger Urteile und Negativität gibt.

Schlecht: Sie verlieren beide während des Gesprächs die Fassung

Wenn dies bei Ihnen der Fall ist und kein Gespräch zu einem fruchtbaren Abschluss kommt, bedeutet dies, dass die Kommunikation zwischen Ihnen beiden verbessert werden muss. Einer oder beide von Ihnen verlieren die Beherrschung und sind regressiv, wenn es darum geht, zu hören, was der andere zu sagen hat. Diese Art der Kommunikation verstärkt nur den Groll, den die Partner gegeneinander hegen, was wiederum ein Hindernis für zukünftige Gespräche darstellt.

KAPITEL 24: WERTSCHÄTZUNG UND AKZEPTANZ DES PARTNERS

Sie sollten es sich zur Gewohnheit machen, Ihre Partner so zu akzeptieren, wie sie sind. Lernen Sie, Ihren Partner zu schätzen und so zu nehmen, wie er oder sie ist, indem Sie nicht über ihn oder sie urteilen. In einer Beziehung zwischen zwei Menschen, die durch Liebe verbunden sind, wird der Partner anfangs in ein Bild menschlicher Perfektion verwandelt. Mit der Zeit lässt die Perfektion nach, und jeder Partner entdeckt, wie kompatibel er ist. Es gibt mindestens eine Sache, die jeder Partner am anderen Partner nicht mag. Jeder Partner hat ein Verhalten, eine Gewohnheit oder eine persönliche Eigenschaft, die den anderen Partner ärgert oder enttäuscht.

Wenn die Liebesgeschichte der beiden Partner weitergeht, verlieben sie sich sehr ineinander, aber ihre Macken können zu einem Grund für ständige Konflikte zu Hause werden. Diese Misserfolge führen oft dazu, dass sich der andere Partner enttäuscht fühlt, und können sogar dazu führen, dass der andere Partner verachtet wird. Dies kann dazu führen, dass ein Partner vom anderen verlangt, ein bestimmtes Verhalten zu ändern; dies kann eine ernsthafte Fehde zwischen den beiden Partnern auslösen, die schließlich zu einem Bruch zwischen ihnen führen kann. Das kann auch die Kommunikation in einer festen Beziehung behindern. Damit das funktioniert, muss jeder Partner einfach akzeptieren, dass sich sein Partner niemals ändern wird, und der einzige Weg, dies zu überwinden, besteht darin, seinen Partner so zu akzeptieren, wie er in jeder Hinsicht ist.

Tipps, wie Sie Ihren Partner in einer festen Beziehung so akzeptieren können, wie er ist

Respektieren Sie die Überzeugungen Ihres Partners und erkennen Sie seine Meinung an

In einer Beziehung muss man nicht dieselben Meinungen haben oder ähnliche Überzeugungen vertreten
 Das ist nicht immer das gleiche wie bei Ihrem Partner. Sie beide sind einzigartige Individuen, die ein Recht darauf haben, wie sie eine Situation in ihrem Umfeld definieren und darauf reagieren. Ihren Partner so zu akzeptieren, wie er ist, bedeutet, dass Sie anerkennen, dass Sie beide in einigen Fragen immer unterschiedlicher Meinung sein werden, aber das bedeutet nicht, dass es einen Grund für eine ungesunde Reaktion wie Gewalt gibt.

Akzeptieren Sie die Unvollkommenheiten Ihres Partners, während Sie seine Schwächen annehmen

Sie müssen die erheblichen emotionalen und körperlichen Schwächen Ihres Partners akzeptieren. Zum Beispiel, wenn Ihr Partner talentierter ist als Sie oder wenn er nicht das gleiche Selbstvertrauen hat wie Sie, wenn es um soziale Kontakte geht. Ein Partner muss die Unvollkommenheiten des anderen akzeptieren. Die Schwächen Ihres Partners zu akzeptieren bedeutet nicht, dass Sie sich von ihnen verletzen lassen, denn Sie haben immer noch die

Hoffnung, dass sich Ihr Partner eines Tages ändern wird. Wenn eine Beziehung diesen Punkt erreicht, kann sie giftig und gefährlich sein und sollte nicht toleriert werden.

Zwingen Sie Ihren Partner niemals, sich zu ändern, um besser zu sein

Es ist ungerecht, wenn ein Partner den anderen zwingt, seine Lebensweise zu ändern. Das liegt daran, dass wir einzigartige Individuen sind, die sich von unterschiedlichen Überzeugungen leiten lassen, und auch einzigartige Individuen, die unterschiedliche Wege im Leben gehen. Als Paar müssen Sie diese Unterschiede akzeptieren, solange ihre Entscheidungen und ihr Lebensstil den anderen Partner in der Beziehung nicht verletzen. Um damit umzugehen, sind Respekt und Geduld erforderlich.

Kennen Sie die Geschichte Ihres Partners und was ihn motiviert

In manchen Fällen wird man nie verstehen, warum man tut, was man tut. Mit der Zeit werden einige Entscheidungen für einen Partner verwirrend sein, was dazu führen kann, dass der Partner an seinem Verstand zweifelt, weil er nicht damit einverstanden ist, wie der andere Partner die Dinge regeln möchte. Wie geht man in diesem Fall mit einer solchen Situation um? Man muss wissen, woher der Partner kommt und welche Gründe ihn oder sie zu dem gemacht haben, was er oder sie jetzt ist. Man muss zuhören und seine Geschichte kennen, und man muss auch die Lektionen respektieren, die das Leben ihm oder ihr erteilt hat. Vertrauen ist in dieser Situation ebenfalls wichtig. Vertrauen Sie Ihrem Partner, dass er das Richtige tut, nicht nur, weil Sie ihn lieben und sich um ihn sorgen, sondern weil Sie an seine Fähigkeiten im Leben glauben.

Vergleichen Sie Ihren Partner nicht mit anderen Menschen aus Ihrer Vergangenheit

Sie sollten Ihren jetzigen Partner nie mit Ihrem früheren Liebesleben oder mit den Menschen, die Sie in der Vergangenheit getroffen haben, vergleichen. Für manche Partner ist das ein Grund, die Beziehung zu beenden, und sie fühlen sich verletzt und besorgt. Lieben Sie Ihren Partner so, wie er jetzt ist, und suchen Sie bitte nicht nach mehr. Sie sollten Ihre Vergangenheit hinter sich lassen und Ihren Partner in Ihrem jetzigen Leben akzeptieren. Wenn das nicht der Fall ist, dann haben Sie seine ewige Liebe nicht verdient.

Lieben Sie Ihren Partner für das, was er von innen heraus ist

Sie sollten sich fragen, warum Sie sich überhaupt in Ihren Partner verliebt haben. Ich hoffe, es ist das, was in ihm steckt, seine Persönlichkeit, seine Seele und sein Herz, sein Lächeln und die kleinen Dinge, die ihn für dich einzigartig machen. Wir alle wissen, dass die Liebe nicht blind macht. Sie hilft uns zu erkennen, was wir in unserem Liebesleben vermisst haben: eine besondere Seele, ein besonderes Herz, eine einzigartige Seele und eine ungewöhnliche Liebe, die aufrichtige Freude und Glück in unsere Tage bringt.

Seien Sie geduldig mit Ihrem Partner und geben Sie ihm Zeit zu wachsen

Damit eine Beziehung Bestand hat, ist die Reife ein großer Unterschied in der Beziehung. In manchen Beziehungen haben Paare nicht die gleiche Erfahrung und das gleiche Verständnis;

dies kann durch einen Altersunterschied verursacht werden. Auch wenn Sie glauben, dass Ihre Beziehung kompatibel ist, kann sich ein Altersunterschied oder eine unterschiedliche Reife manchmal negativ auf Ihre Beziehung auswirken. Als die ältere und erfahrenere Person in der Beziehung haben Sie die Verantwortung, auf die Entwicklung der anderen zu warten. Sie müssen sie durch diesen Übergang und den Lernprozess begleiten. Sie müssen Geduld haben, wenn Sie sie dabei unterstützen, die beste Person zu werden, die Ihr Partner sein sollte.

Seien Sie stolz auf Ihren Partner und zeigen Sie ihm, dass Sie es ernst meinen

Seien Sie stolz auf Ihren Partner für das, was er in seinem Leben erreicht hat und was aus ihm geworden ist. Seien Sie sich ihrer Vergangenheit und ihrer Kämpfe bewusst, schätzen Sie sie und machen Sie ihnen Komplimente für das, was sie erreicht haben, eine gute Arbeit. Der einzige akzeptable Weg, Ihrem Partner zu zeigen, dass Sie ihn so akzeptieren, wie er ist, ist, sich über die erreichten Ziele zu freuen und allen zu zeigen, dass Sie stolz auf die Leistungen Ihres Partners sind. Sagen Sie Ihrem Partner, dass er auf seine unvollkommene Art und Weise perfekt ist, das ist der süßeste und idealste Akt, um Ihrem Partner Liebe zu zeigen.

Den Partner in einer Beziehung wertschätzen

Nachdem Sie Ihren Partner in einer Beziehung so akzeptiert haben, wie er ist, sollten Sie Ihren Partner in einer festen Beziehung auch schätzen. Die Wertschätzung Ihres Partners ist eine der nützlichsten Aktivitäten, die Sie für Ihre Beziehung tun können. Die Wertschätzung Ihres Partners macht Spaß und ist eine Bereicherung. Verbale Wertschätzung zeigt, wie sehr Sie Ihren Partner verehren, und zeigt, dass Sie sich der Beziehung verpflichtet fühlen. Es zeigt auch, dass Sie seine Bemühungen zu schätzen wissen, egal wie gering sie zu sein scheinen.

Es ist wichtig, in einer Beziehung Wertschätzung zu zeigen, damit man weiß, wo man in einer Beziehung steht und was man für einen selbst bedeutet. Wenn ein Partner in einer Beziehung engagiert ist und dennoch nicht weiß, wie wertvoll er für die Beziehung ist, verändert das die Art und Weise, wie diese Person in dieser Verbindung agiert und funktioniert. Wenn Sie Ihren Partner nicht wertschätzen und er dies glaubt, neigt der andere Partner dazu, die Beziehung abzuwerten.

Hier sind die Gründe, warum Sie Ihrem Partner zeigen sollten, dass Sie ihn schätzen:

Es macht es Ihrem Partner leichter, Ihnen zu zeigen, dass er Sie zu schätzen weiß

Sie müssen zuerst zeigen, dass Sie jemanden zu schätzen wissen, bevor Sie ebenfalls willkommen sind. Auf diese Weise fällt es Ihrem Partner leichter, Ihnen ebenfalls Wertschätzung entgegenzubringen. Der Hauptgrund, warum Menschen dazu neigen, Anerkennung zu verweigern, ist, dass sie sich selbst nicht anerkannt fühlen.

Es macht Ihren Partner glücklich

Die meisten Menschen neigen dazu, sich glücklich zu fühlen, wenn sie etwas für andere Menschen tun. Sie fühlen sich glücklich, wenn sie großzügig sind und anderen Menschen ihre Dienste anbieten. Das kann sich ändern, wenn diese Art von Menschen kein Zeichen der

Wertschätzung für das, was sie tun, erhält. Sie werden dann unzufrieden mit ihrer Tätigkeit. Manche Handlungen müssen nicht bezahlt werden, aber wenn man ihnen einfach sagt, dass man ihre Freundlichkeit und ihre Bemühungen zu schätzen weiß, fühlen sie sich glücklich.

Wertschätzung gibt ihnen das Gefühl, geliebt zu werden

Die Menschen haben oft das Gefühl, dass die Person, die sie lieben, sie nicht auf die gleiche Weise liebt wie sie sie lieben. Sie lieben Ihren Partner aufgrund Ihrer Gefühle für ihn. Wenn Sie ihn also schätzen, sagen Sie ihm, wie sehr Sie ihn auch lieben.

So fühlt sich Ihr Partner besonders

Dadurch fühlt sich eine Person in einer Beziehung geehrt, wertgeschätzt und besonders. Sie sagen Ihrem Partner, wie viel Sie ihm bedeuten und wie wichtig er für die Beziehung ist. Auf diese Weise wird Ihre Beziehung auf eine besondere Grundlage gestellt, die sie stärker macht als je zuvor.

Es zeigt, dass Sie Ihren Partner respektieren

Respekt spielt eine große Rolle für den Erfolg einer Beziehung. Ohne Respekt ist eine Beziehung zum Scheitern verurteilt.

Es ist ein Zeichen dafür, dass Sie dankbar sind für das, was sie für Sie tun

Wenn ein Partner von Ihnen Wertschätzung erfährt, motiviert ihn das, weiterzumachen. Durch die Motivation entsteht eine Art Beständigkeit in ihrem Handeln, und nichts sorgt für Beständigkeit wie Anerkennung.

Anzeichen dafür, dass sich Ihr Partner in einer Beziehung nicht wertgeschätzt fühlt

- Ihr Partner ist schneller bereit zu streiten
- Ihr Partner ist oft traurig.
- Sie haben das Gefühl, dass die Distanz zwischen Ihnen beiden wächst.
- Ihr Partner wird ruhiger als sonst
- Ihr Partner wird emotionaler als zuvor
- Wenn Ihr Partner aufhört, Dinge zu tun, die er gewohnt ist zu tun.

Wenn man harte Arbeit in etwas investiert, ist es natürlich immer schön, wenn man für die Anstrengungen, die man unternommen hat, ein Lob bekommt. Wenn Sie Ihrem Partner in einer Beziehung mehr Wertschätzung entgegenbringen und dankbar für den Beitrag sind, den Ihr Partner zu Ihrem Leben leistet, werden Sie beide als Paar glücklicher sein. Denken Sie immer daran, die Wertschätzung für Ihren Partner zur Priorität zu machen.

KAPITEL 25: ERKENNEN UND LÖSEN VON BEZIEHUNGSPROBLEMEN

Wenn Sie im Voraus wissen, welche Probleme in Ihrer Beziehung auftauchen können, haben Sie eine viel bessere Chance, diese zu überwinden. Obwohl jede Partnerschaft ihre Höhen und Tiefen hat, haben erfolgreiche Paare gelernt, mit den Herausforderungen umzugehen und ihr Liebesleben am Laufen zu halten. Sie freuen sich darauf, Probleme zu lösen, und lernen, wie sie durch die komplizierten Probleme des Alltags navigieren können. Viele tun dies, indem sie Bücher und Artikel zur Selbsthilfe lesen, Vorträge besuchen, zur Therapie gehen, andere erfolgreiche Paare beobachten oder durch Versuch und Irrtum

Probleme, die in verschiedenen Phasen einer Beziehung auftreten

Wenn es Ihnen mit jemandem ernst ist, müssen Sie viele Dinge über ihn wissen - zum einen, um die Kompatibilität festzustellen, und zum anderen, weil Kommunikation, Ehrlichkeit und Vertrauen die Säulen einer gesunden Beziehung sind. Oft vermeiden Paare diese Themen oder halten etwas geheim, von dem sie glauben, dass es ihrem neuen Partner nicht gefällt. Die signifikanten Unterschiede, die Sie zwischen Ihnen beiden feststellen, sollten kein Grund sein, die Beziehung zu beenden. Und es zeigt, dass Sie wissen, wie man eine gute Beziehung führt. Und selbst die besten Beziehungsratgeber sagen Ihnen das Gleiche. Schauen wir uns nun an, welche Probleme in den verschiedenen Phasen einer Beziehung auftreten können:

In der Anziehungsphase der Beziehung schüttet das Gehirn bei Erregung aktiv Dopamin und Oxytocin aus. Dies trägt zu Euphorie und Bindungsgefühlen bei. Leider bleibt diese Hormonausschüttung nicht ein Leben lang erhalten. Während wir verschiedene Phasen einer Beziehung durchlaufen, wird das Gefühl der Sicherheit manchmal untergraben. In dieser ersten Phase einer Beziehung besteht der häufigste Fehler darin, dass man nicht in der Lage ist, seine Grenzen einzuhalten. Damit schützen Sie Ihre Prinzipien, Ihre Moral und Ihre Überzeugungen. Sie beginnen, Ihr Selbstwertgefühl zu verlieren. In der folgenden Phase der Beziehung kommt es zu widerstandsfähigen Umständen, wenn der Partner, der beim Essen nicht aufpasst, auch noch Fast Food zum Teilen kauft.

In der Dating-Phase einer Paarbeziehung versuchen viele Menschen, aus ihren Partnern eine perfekte Person zu machen, weil sie sich aus früheren gescheiterten Beziehungen Wünsche gemacht haben. Deshalb trennen sich zu diesem Zeitpunkt viele Paare und gehen nie in die nächste Phase über. Die Wahrheit ist, dass viele Partner zwangsläufig faul sind in ihren Versuchen, eine Beziehung aufzubauen. Sie vermeiden es, sich auf die guten Eigenschaften ihres Partners zu konzentrieren, und fangen an, sich auf seine unerwünschten Eigenschaften zu konzentrieren.

Dies kann zu anhaltendem Widerstand, Gefühlen und Beschwerden führen, was in der Regel der Grund für das Scheitern von Beziehungen ist. In dieser Phase einer Beziehung steigen die Spannungen und das Temperament, da beide Parteien darum kämpfen, wahrgenommen und respektiert zu werden. Was für den einen ein kleines Problem zu sein scheint, kann, wenn es nicht kommuniziert oder verstanden wurde, schnell eskalieren und vom anderen missverstanden werden. Dies führt auch zu Schuldvorwürfen und falschen Anschuldigungen. In der Phase der Enttäuschung stellt sich eine gewisse Stumpfheit ein, wenn die Beziehung sicher wird. Es fehlt an Aufregung und Langeweile, und in dieser Phase beginnen manche Menschen, in der Beziehung fremdzugehen. In der Stabilitätsphase könnten finanzielle Probleme das größte Problem sein. Es ist möglicherweise das größte Tabuthema in einer Beziehung. Am Anfang ist man noch freundlich, und dann kommt mit der Zeit das Thema Geld auf den Tisch. Viele Paare vermeiden es daher, im Vorfeld über Geld nachzudenken. Deshalb treten finanzielle Konflikte immer erst in der vierten Phase auf, wenn ein Paar bereits zusammengezogen ist. Manche Paare heiraten zu diesem Zeitpunkt sogar und können dann nicht mehr feststellen, dass sie einen finanziellen Streit haben.

Ständige Auseinandersetzungen führen dann zu einem Gefühl der Unsicherheit, das das Vertrauen und den Schutz der Beziehung schwächen kann. Dies führt dazu, dass man sich einsam und allein fühlt. Trennungen werden in der Regel durch die damit verbundenen Schäden ausgelöst, die entstehen, wenn die Emotionen der Menschen außer Kontrolle geraten. In der Bindungsphase einer Beziehung können Sie die Entscheidungen und Handlungen des anderen vorhersehen; Ihr Partner erscheint vorhersehbar und langweilig. Möglicherweise stagniert Ihre Beziehung und es fehlt ihr auch an einer romantischen Atmosphäre. Die Menschen fangen an, ihre Partner für selbstverständlich zu halten. Sie können sich nicht mehr um ihr Äußeres kümmern oder geben sich nur noch selten Mühe. Man nimmt keine Rücksicht auf die Bedürfnisse des anderen, und echtes gegenseitiges Interesse scheint verloren gegangen zu sein. Das kann dazu führen, dass sich die Partnerschaft überflüssig anfühlt.

Wirksame Wege zur Lösung von Beziehungsproblemen

Beziehungen sind kompliziert, aber das müssen sie nicht sein. Meistens sind es die Menschen, die sie kompliziert machen, unabhängig von ihren negativen Gefühlen und Haltungen. Viele Probleme entstehen, weil die Menschen mit den verschiedenen Phasen von Beziehungen nicht sehr vertraut sind. Je mehr Bewusstsein wir haben, desto leichter wird es sein, eine Beziehung wiederherzustellen, wenn Probleme auftauchen. Zu verstehen, in welcher Phase man sich befindet, ist entscheidend. Konzentrieren Sie sich auf einen verlässlicheren Kontakt. Wenn es sich anfühlt, als ob Sie nirgendwo hingehen, befinden Sie sich in der Arbeitsphase. Planen Sie den nächsten Schritt als Zielpaar.

Der Trick, um voranzukommen, besteht im Wesentlichen darin, sich bewusst zu machen, wo man als Person steht. Wenn Sie Ihre Beziehung als einen Prozess des Auseinandergehens betrachten, müssen Sie die Hoffnung nicht aufgeben. Sie können immer noch in die Phase des Zusammenkommens zurückkehren. Es erfordert Anstrengung und Engagement von beiden Seiten, aber Sie können eine Beziehung, die sich auf eine Katastrophe zuzubewegen scheint, wiederbeleben. Manche Partnerschaften können jedoch nicht wiederhergestellt werden und sollten aufgegeben werden. Es liegt an Ihnen beiden, zu entscheiden, wo Sie das Glück suchen, das Sie beide verdienen - mit oder ohne den anderen. Lassen Sie uns herausfinden, wie Sie das tun können:

Die Phase der Anziehung durchlaufen

Der erste Schritt einer Beziehung besteht darin, dass Sie Ihre Grenzen festlegen, damit Ihr Partner vernünftige Erwartungen an die Partnerschaft mit Ihnen haben kann. Unabhängig davon, wie sehr Sie sich zu Beginn einer Beziehung verbunden fühlen, ist es wichtig, dass Sie ehrlich kommunizieren, wie Sie Ihr Leben leben und welche Vorlieben Sie haben. Lassen Sie die andere Person sehen, dass Sie sich nichts vormachen. Es ist wichtig, dass Sie Ihre Einzigartigkeit bewahren, denn das ist es, was zunächst Anziehungskraft erzeugt. Seien Sie sich über Ihre Grenzen im Klaren, und versuchen Sie, wenn möglich, weise Entscheidungen zu treffen.

Durch die Dating-Phase gehen

Respektieren Sie Ihre Unterschiede und konzentrieren Sie sich darauf, die beste Version von sich selbst zu sein, um Ihre Anziehungskraft zu bewahren. Auf lange Sicht werden Sie damit Ihre Partnerschaft aufrechterhalten. Um eine glückliche und stabile Beziehung aufzubauen und aufrechtzuerhalten, ist es entscheidend, dass Sie Ihre Gefühle kontrollieren und Ihren Partner auf die richtige Weise beeinflussen. Wenn Ihr Partner Sie nicht versteht oder immer wieder den gleichen Fehler zu machen scheint, versuchen Sie, ihm zu helfen, anstatt zu denken, dass er nicht vertrauenswürdig ist und versucht, Ihre Beziehung zu untergraben! Gehen Sie mit Ihren Emotionen um, wenn sie ausgelöst werden, um sicherzustellen, dass Ihr Kontakt frei, echt und transparent bleibt. Dies ist der beste Weg, um den anderen zu verstehen und langfristig zu wissen, worauf Sie hinarbeiten können. Eine Beziehung kann eine Menge Arbeit sein, aber wenn Sie beide effektiv kommunizieren wollen, wird es sich nicht wie harte Arbeit anfühlen. Dazu gehört, dass man die Grundsätze und die Art und Weise, wie man miteinander umgeht, beibehält und als Team zusammenarbeitet.

Durch die Enttäuschungsphase gehen

Um den Frieden auf dieser Ebene zu erhalten, müssen Sie wieder Neues in die Beziehung einführen. Sie können z. B. gemeinsam reisen und neue Erfahrungen machen, die Sie mit Ihrem Partner teilen. Gemeinsame Interaktionen sind die Grundlage für eine starke emotionale Bindung. Gemeinsam zu wachsen ist das Geheimnis einer dauerhaften, gesunden Beziehung. Besuchen Sie zum Beispiel Workshops zur persönlichen Weiterentwicklung, lesen Sie Bücher oder gründen Sie gemeinsam ein Unternehmen. Auf diese Weise entwickeln Sie sich beide in die gleiche Richtung und haben viel Spaß an gemeinsamen Unternehmungen. Es ist jedoch auch wichtig, dass Sie die Interessen beibehalten, die jeden von Ihnen als Individuum erfüllen. Das verschafft Ihnen eine natürliche Pause, um wieder Lust aufeinander zu bekommen, und sorgt für neuen Gesprächsstoff.

Die Stabilitätsphase durchlaufen

Führen Sie mit Ihrem Partner ein ehrliches Gespräch über Geld und vergewissern Sie sich, dass Sie die Grundsätze und Verantwortlichkeiten des jeweils anderen in dieser Hinsicht verstehen. Vielleicht möchte eine Person einen großen Teil ihres Einkommens sparen, während die andere Person viel genießen und ausgeben möchte. Ohne ein gesundes Gespräch könnte dies zu einem Problem in der Beziehung werden. Ein Paar sollte dann offen über seine Wünsche sprechen und einen Kompromiss finden, der für beide Partner funktioniert. Eine mögliche Alternative besteht darin, einen glasklaren Finanzplan zu erstellen, der sofort umsetzbar ist.

Die Phase des Engagements durchlaufen

Das Geheimnis einer langfristigen, glücklichen Beziehung besteht darin, das Werben wieder aufzunehmen. Fangen Sie an, sich gegenseitig mit Ihren Bemühungen zu inspirieren, Ihre Beziehung wieder aufleben zu lassen. Machen Sie sich gegenseitig Geschenke und schreiben Sie sich tagsüber einen positiven Brief oder eine E-Mail. Sagen Sie Ihrem Partner, wie schön er ist - küssen Sie sich jeden Morgen und jeden Abend leidenschaftlich. Schauen Sie mit Interesse und unbändigem Verlangen in die Augen Ihres Partners, so wie wenn Sie ihm zum ersten Mal in die Augen schauen. Üben Sie dies täglich, und Sie werden Ihre erste Anziehung und Liebe füreinander wieder aufleben lassen.

KAPITEL 26: WIE MAN STARKE PAARKONFLIKTE ABBAUT

In jeder Ehe ist ein Konflikt unvermeidlich. Die Wurzel des Ehekonflikts sind die gegensätzlichen Wünsche und Interessen des Paares. Ein Streit wird im Allgemeinen als der Prozess beschrieben, der beginnt, wenn eine Partei wahrnimmt, dass die andere Partei die Anliegen der anderen Partei vereitelt hat. Es handelt sich um einen zwischenmenschlichen Konflikt, wenn eine Person das Handeln einer anderen Person verhindert, behindert oder stört. Die wachsende Rolle von Mann und Frau ist eine große Notwendigkeit in der heutigen Familie. Diskussionen darüber, wer die Entscheidungen trifft und wie sie getroffen werden sollen, bergen ein großes Konfliktpotenzial in der Ehe. Ehekonflikte sind nicht unbedingt per se schlecht. Die Anzahl der Streitigkeiten, die ein Paar erlebt, wäre weniger belastend, je nachdem, wie sie gehandhabt und gelöst werden. Genauer gesagt, entscheidet die Art und Weise, wie ein Paar mit den negativen Auswirkungen eines Streits umgeht, über den Erfolg oder das Scheitern der Ehe. Die Fähigkeit des Paares, Konflikte zu lösen, und ihre Auswirkungen auf jeden Partner bestimmen, ob die Ehe konstruktiv funktioniert oder zu einem schädlichen oder nicht funktionierenden Instrument wird. Es ist daher notwendig, eine Lösung für zwischenmenschliche Konflikte zu finden. Ungelöste Streitigkeiten können zu einem Gefühl der Wut führen, das der psychischen Gesundheit eines oder beider Partner schaden kann. Was die Art und Weise betrifft, wie Paare mit Konflikten umgehen, so handelt es sich bei dem "Lösungsstil" oder den "Strategien" um zwischenmenschliche Handlungen, die in einer Beziehung zur Beilegung von Streitigkeiten eingesetzt werden. Die besten Strategien helfen beiden Parteien, eine harmonische Beziehung und ein harmonisches Verhalten aufrechtzuerhalten, um Probleme für die andere Person zu überwinden oder zu vermeiden.

Mehrere grundlegende Konfliktbewältigungsmodelle legen nahe, dass es sich um einen zwischenmenschlichen Mechanismus handelt, der zwei Schlüsselaspekte umfasst: Durchsetzungsvermögen und Zusammenarbeit. Das Engagement für die eigenen Ergebnisse und die Kooperation als Rücksichtnahme auf die Ergebnisse der anderen werden identifiziert. Es ist möglich, Handlungen auszuführen, die auf beiden Seiten hoch und niedrig sind. In Studien wurden fünf verschiedene Konfliktlösungsansätze unterstützt, die sich aus den Variationen der beiden Dimensionen ergeben.

Es gibt fünf Strategien:

1. **Wettbewerb:** Hohes Maß an Engagement und geringes Maß an Kooperation. Er ist durch ein Win-Lose-Ergebnis definiert, bei dem eine Person fast unabhängig von den Kosten für die andere ist.

2. **Kollaboration:** Starkes Engagement und kooperatives Verhalten. Sie ist gekennzeichnet durch Transparenz, Wissensaustausch und das Bemühen um einen Win-Win-Ansatz, der den Bedürfnissen aller Beteiligten gerecht wird, indem er die eigenen und die Interessen der anderen gleichermaßen berücksichtigt.

3. **Verbindlichkeit:** Ein Mittelweg zwischen durchsetzungsfähigem und kooperativem Verhalten. Dies hängt mit der Aufteilung von Problemen in der Mitte und gegenseitigen Kompromissen zusammen und trägt zu mittelfristigen Lösungen bei, die beide Parteien berücksichtigen.

4. **Prävention:** Hohe Überzeugungskraft und kooperatives Verhalten. Wie der Name schon sagt, verhindert diese Art der Streitbeilegung normalerweise Streitigkeiten. Dieser Stil verlangsamt die Konfrontation, und die Person versucht nicht, ihrem eigenen Standpunkt oder dem der anderen gerecht zu werden.

5. **Unterkunft:** Geringe Compliance und hohe Kooperationseffizienz. Bei diesem Stil stellt eine Person ihre eigenen Bedürfnisse für andere zurück. Mehrere Wissenschaftler haben sich mit Konfliktlösungsansätzen im Zusammenhang mit geschlechtsspezifischen Unterschieden zwischen Männern und Frauen befasst. Männer verwendeten Konsensmethoden, während Frauen in der Lage waren, mit ihren Partnern zusammenzuarbeiten, um Streitigkeiten beizulegen. Bei Frauen war der Integrationsstil weit verbreitet, und ihre Partner wendeten seltener einen Vermeidungsstil an, während die Männer eher eine Bindung mit ihrem Partner eingingen. Frauen wenden häufiger Konfliktlösungstechniken an als Jungen, und beide Geschlechter haben sich bemüht, Probleme zu lösen, zu beseitigen oder zu erfüllen. Dennoch haben nur sehr wenige Studien gezeigt, dass das Doppelverdienerpaar eine Konfliktlösungsstrategie hat. Ziel dieser Untersuchung ist es, die Konfliktlösungsstrategien zu ermitteln, die von berufstätigen Paaren zur Lösung ihres Ehekonflikts eingesetzt werden, und Studien über den Zusammenhang zwischen verschiedenen demografischen Merkmalen und Konfliktlösungsstrategien zu identifizieren.

Neben Konflikten ist eine weitere wichtige Möglichkeit, die Interaktion zwischen Paaren zu verstehen, die Rolle der Bindung zu untersuchen. Die Art und Weise, wie sich eine Person zu anderen verhält, hängt mit der Fürsorge zusammen, die die Person erhält. Dies ist die Grundlage für den Bindungsstil einer Person. Die Bindungstheorie verdeutlicht den inhärenten Wunsch nach einer langfristigen Beziehung zu anderen Menschen, die nicht ersetzt werden kann. Bindung wird im Säuglingsalter beobachtet, wenn die Bezugspersonen als sichere Basis für die Erkundung der Welt dienen, so dass der Säugling, wenn er sich traurig oder ängstlich fühlt, zu einem sicheren Zufluchtsort des Trostes zurückkehren kann. Der Säugling wird einer von drei Arten von Bindungen zugeordnet: stabil, vermeidend und sicher. Dies hängt davon ab, wie der Säugling auf die Trennung und das Wiedersehen mit seiner ersten Bezugsperson reagiert hat. Auch wenn sich diese Bindungstypen im Laufe der Kindheit entwickeln, wird die Haupttechnik im Erwachsenenalter fortgesetzt, einschließlich der Suche nach der Anwesenheit von Bezugspersonen in der verletzlichen Situation - eine sichere Bindung entsteht, wenn die Bezugspersonen verfügbar sind und auf die Bedürfnisse der Person eingehen. Sichere Erwachsene sind von ihren Partnern regelmäßig umsorgt und umarmt worden und haben das Gefühl, dass sie etwas wert sind und dass andere im Allgemeinen liebevoll, vertrauenswürdig und zuverlässig sind. Wenn die Bezugspersonen häufig unerreichbar oder unberechenbar sind, deutet dies darauf hin, dass die primäre Technik zur Suche nach Nähe unzureichend ist und dass sekundäre Bindungsansätze zur Bewältigung der zunehmenden Unsicherheitsgefühle eingesetzt werden. Zu den sekundären Techniken gehören Deaktivierung oder Hyperaktivierung. Die Deaktivierungsmethode für Bindungen als Reaktion auf eine klare Ablehnung von Anfragen umfasst die Hemmung von Bindungsfiguren. Die Hyperaktivierung des Bindungsmechanismus ist eine Reaktion auf Inkohärenz bei der Befriedigung von Bindungsbedürfnissen, bei der kontinuierlich versucht wird, der Bindungsperson immer mehr beruhigende Zuwendung und Unterstützung zukommen zu lassen. Solche Bindungen können eine wichtige Rolle beim Aufbau einer stabilen Beziehung zwischen Paaren spielen. Ein Merkmal des vermeidend gebundenen Erwachsenen ist die fortgesetzte Anwendung der sekundären Deaktivierungstechnik. Vermeidend gebundene Menschen neigen dazu, sich von ihren Ehepartnern fernzuhalten und sich generell vor anderen zu fürchten.

Dies widerspricht den Bedürfnissen oder dem emotionalen Status, was das Bindungssystem auslöst, weil sie nicht in der Lage sind, sich auf die emotionale Unterstützung anderer zu verlassen, und nicht wollen, dass sie anderen Menschen emotionale Unterstützung geben müssen. Die fortgesetzte Anwendung der Hyperaktivierungstechnik ist charakteristisch für eine Person mit Angstzuständen. Ängstliche Menschen sind unsicher, ob ihr Partner verfügbar ist und sie unterstützt, sie machen sich Sorgen über ihren Wert und versuchen, ihre Partner von ihrer Akzeptanz zu überzeugen. Wie bereits erwähnt, wird die Bindung im Säuglingsalter aufgebaut und im Erwachsenenalter durch den Kontakt mit der Bezugsperson aufrechterhalten. Die Bindung im Erwachsenenalter erfordert, dass die Bezugspersonen je nach Bedarf gewechselt werden, wobei die Bezugsperson zugänglich und einfühlsam ist. Wenn dies nicht der Fall ist, wendet das Individuum sekundäre Deaktivierungs- und Hyperaktivierungsstrategien an. Beide Herangehensweisen sind durch anhaltenden Einsatz von Angst oder Vermeidung gekennzeichnet.

KAPITEL 27: HÄUFIGE BEZIEHUNGSKONFLIKTE

In jeder Beziehung gibt es manchmal Konflikte - daran besteht kein Zweifel. Wenn Sie denken, dass Sie eine Einhorn-Beziehung haben, in der Sie und Ihr Partner nie hart oder aus Frustration miteinander kommunizieren, oder dass Sie nie einen Konflikt haben werden, dann denken Sie falsch. Wir alle haben manchmal Konflikte mit unseren Partnern; allein dadurch, dass man ständig in der Nähe des anderen lebt, ist es ziemlich wahrscheinlich, dass man irgendwo auf Probleme stößt. Aus diesem Grund ist es wichtig, dass Sie erkennen, wo Beziehungen in der Regel schief laufen, damit Sie sie korrigieren können.

Sie werden jeden von ihnen genau kennenlernen und sehen, wie Sie die Interaktionen zwischen Ihnen und Ihrem Partner in einem neuen Licht sehen können. Achten Sie vielmehr darauf, dass Sie sich die Zeit nehmen, mit Ihrem Partner richtig zu interagieren. Dies sind Probleme, an denen Sie arbeiten können. Sie sind Probleme, die Sie aktiv aus Ihrer Beziehung entfernen können. Um diese Probleme zu beseitigen, müssen Sie es jedoch versuchen. Sie können nicht einfach den Kopf in den Nacken legen und davon ausgehen, dass sie verschwinden werden.

Egoismus

Egoismus ist oft der Grund für viele verschiedene Konflikte, ob wir uns dessen bewusst sind oder nicht. Denken Sie einmal darüber nach: Wie würden Sie sich fühlen, wenn Ihr langjähriger Partner eine wichtige Entscheidung treffen würde, die erhebliche Auswirkungen auf Sie hat, ohne dass Sie etwas dazu beitragen könnten? Die meisten Menschen wären völlig wütend. Sie hätten das Gefühl, dass ihr Partner von Grund auf egoistisch ist. Wenn Sie sich nicht darauf verlassen können, dass Ihr Partner Sie bei diesen wichtigen Entscheidungen mitreden lässt, fühlen Sie sich wahrscheinlich ziemlich schlecht. Vielleicht haben Sie das Gefühl, dass Ihr Partner sich nicht um Sie kümmert oder dass er einfach nicht einsehen will, dass Sie anderer Meinung sind. Sie würden ihn als egoistisch bezeichnen.

In Beziehungen ist es schwierig, den Spagat zwischen zu viel Kontrolle und Mitspracherecht zu schaffen. Denken Sie darüber nach - Sie werden ermutigt, Ihre eigene Person zu sein. Dennoch ist es in langfristigen Beziehungen, insbesondere in der Ehe oder wenn zwei Menschen sich verpflichten, Lebenspartner zu sein, schwer zu erkennen, ob man wirklich anfangen kann, auf eine Weise miteinander zu interagieren, die nicht erdrückend ist. Wo ziehen Sie die Grenze? Was muss kommuniziert werden? Was nicht? Wo glauben Sie, dass Sie allein Entscheidungen treffen können?

In Wirklichkeit sind Sie immer frei, Ihre eigenen Entscheidungen zu treffen - solange Sie sich auch der Folgen bewusst sind. Wenn Sie diese egoistischen Entscheidungen treffen wollen, müssen Sie auch die Tatsache respektieren, dass dies das Ende Ihrer Beziehung bedeuten könnte. Sie müssen bereit und in der Lage sein, dieses Konzept zu akzeptieren, wenn Sie dieses Risiko eingehen wollen.

Denken Sie darüber nach - wenn Sie sich ein Kind wünschen, Ihr Partner sich aber eine dauerhafte Verhütungsmethode besorgt, ohne Sie davon in Kenntnis zu setzen oder Sie auch nur wissen zu lassen, dass er dies in Erwägung zieht, würden Sie ihn dann für egoistisch halten? Wenn ein Kind das Letzte ist, was Sie im Leben wollen, Ihr Partner aber nicht, wer ist dann der Egoist? Wer setzt sich durch?

Wenn dieser Egoismus die Oberhand gewinnt, kann er letztendlich zum Scheitern führen. Es könnte auch zeigen, dass es eine grundlegende Unvereinbarkeit in der Beziehung gibt, die manchmal auftritt, ohne dass man in der Lage ist, sie zu steuern oder zu kontrollieren. Wenn Sie das akzeptieren können, werden Sie eher Erfolg haben als nicht. Sie müssen herausfinden, wie Sie miteinander kommunizieren können, um die Konflikte zu lösen, die aus dem Egoismus entstehen, auch wenn diese Kommunikation und die Lösung des Konflikts völlig am Ende sind.

Ein Mangel an Kommunikation

Mangelnde Kommunikation führt zu Problemen in allen Bereichen Ihrer Beziehung. Ohne Kommunikation gibt es überhaupt keine Beziehung. Doch zu viel Kommunikation und zu viel Reden, ohne darüber nachzudenken, worüber man überhaupt reden will, kann auch zu Konflikten führen, also wo findet man den Mittelweg? Wo können Sie die Grenze ziehen und sagen, dass Sie die Dinge letztendlich so handhaben werden? Diese klare Linie ist sehr wichtig, und ohne sie werden Sie es schwer haben.

Sie müssen lernen, wie man kommuniziert und wie man in einer Beziehung gut spricht. Wenn das nicht gelingt, ist das ein Rezept für eine Katastrophe. Um noch einmal auf das Beispiel mit dem Egoismus zurückzukommen: Es ist egoistisch, nicht über eine dauerhafte Verhütungsmethode zu sprechen, wenn Sie wissen, dass Ihr Partner sich Kinder wünscht und sich um Kinder bemüht. Sie wissen zum Beispiel, dass Ihre mangelnde Kommunikation in dieser Angelegenheit dazu führen wird, dass Ihr Partner nicht bekommt, was er oder sie sich wünscht, und es ihm oder ihr erlaubt, weiter zu arbeiten und weiter zu versuchen, ein Kind zu bekommen, ohne zu wissen, dass es dann nicht möglich ist. Es ist zwar Ihr gutes Recht, Verhütungsmittel zu nehmen, wenn Sie sich dafür entscheiden, aber es ist trotzdem falsch, dies Ihrem Partner nicht mitzuteilen, wenn er dadurch in der Verwirklichung seiner Träume eingeschränkt oder daran gehindert wird. Sie müssen herausfinden, wie Sie genug kommunizieren können, um als Team zusammenzuarbeiten, aber nicht genug, um von vornherein Konflikte zu verursachen, und das ist schwierig.

Ressentiments

Groll ist der stille Killer aller Beziehungen, und von allen bisher genannten Möglichkeiten ist dies die tödlichste, wenn es um die Beziehung geht, die Sie haben. Sie müssen verstehen, dass Groll nicht in Ordnung ist - er schmort und beeinträchtigt Beziehungen stark. Ehe man sich versieht, stellt man fest, dass an diesem Punkt nichts mehr zählt - der Groll ist zu groß.

Irgendwann werden Sie Ihren Partner kränken. Das ist in einer Beziehung ganz normal. Wenn Ihr Partner Ihnen jedoch nie sagt, dass er verärgert ist, und seine Wut einfach in sich hineinfließen lässt, gibt es ein großes Problem. Ihr Partner wird beginnen, an dieser Negativität festzuhalten, bis sie sich in Ressentiments verwandelt und wiederkehrt. Es wird keine Heilung des Problems geben, keine Reparatur dessen, was schief gelaufen ist. Vielmehr werden Sie feststellen, dass die Beziehung selbst leiden und möglicherweise scheitern wird.

Der Groll wird mit der Zeit dazu führen, dass sich die Beziehung völlig verschlechtert. Die Unzufriedenheit des Einzelnen wird schließlich so stark, dass er glaubt, nicht mehr in dieser Beziehung sein zu wollen, oder die andere Partei wird sich distanzieren, da sie mit dieser

Negativität gar nicht erst fertig wird. Die unmittelbare Folge ist eine Beziehung, die leidet oder sogar stirbt.

Man kann Negativität nicht festhalten, und Achtsamkeit ist der perfekte Weg, um dieses Problem zu lösen. Wenn Sie achtsam denken und handeln können, können Sie das Problem vermeiden. Sie können dafür sorgen, dass Sie so handeln, dass Sie diese Konflikte lösen können, wenn sie entstehen, anstatt sie endlos schwären zu lassen, bis die Beziehung scheitert.

Kritik

Ein weiteres häufiges Problem in Beziehungen ist die Kritik. Wenn Sie alles kritisieren, was Ihr Partner tut, werden Sie ihn höchstwahrscheinlich mehr als alles andere frustrieren. Denken Sie darüber nach - wie würde es Ihnen gefallen, wenn alles, was Sie tun, falsch wäre und alles, was schief geht, Ihre Schuld wäre, weil Sie das Problem sind? Manchmal ist eine Person im Unrecht, oder die übergreifenden Gewohnheiten einer Person sind von vornherein so negativ, dass sie wirklich in Ordnung gebracht werden müssen. Es ist jedoch auch ein Problem, diese Situation mit Härte oder Unfreundlichkeit anzugehen. Man muss in der Lage sein, Beziehungen mit Freundlichkeit und Respekt für das, was vor sich geht, anzugehen. Sie müssen in der Lage sein, darauf zu achten, dass Sie mit einer anderen Person sprechen - einer Person, von der Sie behaupten, sie zu lieben - und wenn Sie sie ständig negativ behandeln, wird das sehr schnell zu einem Problem werden.

Kritik hat keinen Platz in einer Beziehung. Sie sollten keine negativen Dinge sagen, ohne etwas Konstruktives zu bieten. Es ist in Ordnung, wenn Sie Ihren Partner darauf hinweisen, dass er etwas falsch gemacht hat, wenn Sie dies freundlich tun und gleichzeitig darauf hinweisen, was verbessert werden muss. Das ist etwas ganz anderes, als ihm zu sagen, dass er ein totaler Versager und eine Verschwendung von Platz ist. Denken Sie daran, dass Sie Kritik vermeiden müssen, wenn Sie nicht all die Kämpfe aushalten wollen, die sich daraus ergeben werden.

Unfaire oder unrealistische Erwartungshaltungen

Ein letzter Punkt, den es zu bedenken gilt, denn eine der Hauptursachen für Konflikte in Beziehungen sind unrealistische Erwartungen. Denken Sie darüber nach - was ist das Bild, das von Beziehungen ausgeht? Denken Sie an all die Märchen und Disney-Filme, die Sie wahrscheinlich als Kind gesehen haben. Was war die allgemeine Regel? In der Regel ist es so, dass der Mann immer das Mädchen bekommt und sie immer ihren perfekten Partner finden. Der Märchenprinz kommt immer, um den Tag zu retten, und sie leben glücklich bis ans Ende ihrer Tage, richtig?

Nun, das wirkliche Leben ist nicht so. Sie haben vielleicht geglaubt, dass es irgendwo da draußen die perfekte Person für Sie gibt, aber das ist nicht der Fall. Perfekte Beziehungen gibt es nicht, und die einzigen Beziehungen, die auf diese Art und Weise zustande kommen, sind die, die das Ergebnis unzähliger Stunden Arbeit sind, um sie aufzubauen. Man kann nicht einfach die beste, positivste Beziehung haben, weil sie einfach nicht da ist. Man kann nicht mit solchen unrealistischen Erwartungen in eine Beziehung gehen, ohne sich selbst und seinen Partner auf ein Scheitern vorzubereiten.

Den perfekten Partner gibt es nicht, aber Sie und Ihr Partner können eine Beziehung kultivieren, die für Sie richtig ist. Sie können lernen, respektvoll, fürsorglich, mitfühlend und einfühlsam zu sein. Sie können füreinander da sein, auch wenn es sonst niemand tut. Sie können lernen, wie Sie nach besten Kräften miteinander kooperieren können. Sie können lernen, einander zu lieben und sich gegenseitig unnachgiebig zu unterstützen. Sie werden jedoch nicht einfach den perfekten Prinzen oder die perfekte Prinzessin finden, der/die Sie aus den Socken haut und sich Hals über Kopf in Sie verliebt. Lassen Sie diese Vorstellung sofort los, oder verabschieden Sie sich von Ihrer Beziehung.

KAPITEL 28: BEZIEHUNG UND DIE ROLLE DER GEGENSEITIGEN SCHULDZUWEISUNG

Dies sind nur ein paar Beispiele dafür, wie sich Menschen gegenseitig beschuldigen. Ich bin sicher, dass Sie über Ihre Verbindungen nachdenken werden. Wichtig bei kollektiven Reuegefühlen ist, dass sie selten funktionieren. Es ist typisch für Streitigkeiten, bei denen ein Paar beginnt, sich in einen Kreislauf der gegenseitigen Verantwortung zu begeben. Wenn dies geschieht, wird eine Person aggressiver und wütender als zu Beginn. Das lässt einen wissen, dass man an etwas schuld ist, das einem sagt, dass man ungeschickt ist und in verschiedener Hinsicht schwach ist. Kein Mensch muss in die Ecke gedrängt und gezwungen werden, zuzugeben, dass er im Unrecht ist. Wenn es um den eigenen Stolz und den eigenen Ruf geht, ist es wichtig, dem anderen zu beweisen, dass er im Unrecht ist, und ihn dann zu beschuldigen. In Wirklichkeit würde die Person, obwohl sie weiß, dass sie an etwas schuld ist, behaupten, dass sie selbst schuld ist. Ein Beispiel: Ein Mann wurde vermutlich gebeten, eine Flasche Milch zu kaufen. Da sie jedoch mitten im Streit waren, leugnete er zweifellos, dass er sie missverstanden hatte, und gab ihr die Schuld.

Die Substanz der Beziehung ist so groß, dass jeder die Schuld trägt, und jeder ist auf die eine oder andere Weise Auslöser des Problems. Mit anderen Worten: Die Menschen in einer Beziehung beeinflussen sich auf Hunderte von Wegen. Es ist weit hergeholt, dass irgendjemand für viele Dinge, die passieren, die volle Schuld trägt. Beziehung bedeutet, dass es Verbindungen zwischen zwei Personen gibt, die eine Vergangenheit und eine Zukunft teilen. Assoziation bedeutet nicht, dass ein Partner den anderen zu einer Handlung veranlasst hat. Jede Person ist für ihre Handlungen verantwortlich, unabhängig und getrennt von der anderen.

Ein anderes Beispiel ist, dass "Ich habe wegen deiner Kritik aufgehört, mich zu engagieren" in Wirklichkeit bedeutet: "Ich habe das Gefühl, dass ich aufhören möchte, wenn ich die Kritik höre." Ein altes Beispiel ist, dass "du mir Kopfschmerzen bereitet hast". Warum die Schuld auf jemand anderen schieben?

In einem Streitfall ist es einfacher, nach Lösungen zu suchen, um den Streit beizulegen. Vielleicht ist es so einfach wie eine andere Art, Dinge zu formulieren. Kommunikation ist mehr als nur das Reden einer Person. Oder vielleicht gehört zur Kommunikation auch, dass man zuerst zuhört und dann auf eine nicht-protektive Weise reagiert. Zum Beispiel ist die Verwendung des Pronomens "ich" beim Sprechen dem anklagenden "du" vorzuziehen. Oft ist die Verwendung des Wortes "Warum" als "Warum tust du" anklagend. Es klingt viel netter zu sagen: "Ich bin so verärgert, dass ich entlassen wurde, dass ich allen die Schuld geben möchte." Eine andere Möglichkeit ist zu sagen: "Ich wünschte, wir könnten einen Kompromiss finden, den Sie als vernünftig ansehen." Die Wahl der Worte ist oft notwendig.

In einer lebenslangen Partnerschaft geht es nicht darum, einen Streit auf Kosten der anderen Person zu gewinnen, vor allem nicht, wenn man die Person liebt. In engen Beziehungen kann das Gewinnen eines Streits den Verlust einer Freundschaft bedeuten.

Die wichtigsten Beziehungsprobleme, die Sie verhindern müssen

Natürlich ist es von größter Wichtigkeit, an Bereichen zu arbeiten, die Ihre Partnerschaft weiterentwickeln, aufbauen und auf die nächste Stufe heben können. Gleichzeitig müssen wir aber auch auf die Fehler achten, die andere Partner begangen haben und die ihre Ehen auf unumkehrbare Weise untergraben und ruinieren.

Im Folgenden finden Sie einige Dinge, an die Sie sich erinnern und die Sie beachten sollten, wenn Sie versuchen, eine solide, dauerhafte und produktive Beziehung aufzubauen:

Vermeiden Sie es, auf den Fehlern des Partners herumzuhacken

Niemandem gefällt es, beurteilt zu werden, vor allem nicht demjenigen, den er liebt, also verzichten Sie darauf, die Unzulänglichkeiten Ihres Partners hervorzuheben. Sie selbst sind nicht fehlerfrei, also erwarten Sie auch von Ihrem Partner nicht, dass er perfekt ist. Respektieren Sie ihn für das, was er ist, schätzen Sie ihn für seine Unvollkommenheit und achten Sie ihn für seine Größe und nicht für die Fehler, die sich unter seinem Äußeren verbergen.

Vermeiden Sie Selbstzufriedenheit

Die meisten Ehen scheitern, weil das Paar so selbstgefällig und entspannt in der Beziehung wird. Als Menschen sind wir hungrig nach Neuem und Abwechslung in unserem Leben. Zu Beginn einer Beziehung erleben wir einige neue Gefühle und nehmen an Ereignissen teil, die Vorfreude, Verwirrung und Ungewöhnlichkeit hervorrufen.

Wenn man schon einige Zeit mit jemandem zusammen ist, ist es alles andere als schwierig, die Gründe zu übersehen, die ursprünglich den Funken und die Energie in eurer Beziehung erzeugt haben. An dem Punkt, wenn Sie feststellen, dass Sie chaotisch sind und dass Ihre Beziehung so anstrengend wird, erkennen, dass irgendwann einer von Ihnen sollte etwas planen, um es zu würzen, oder, mehr als wahrscheinlich, die Beziehung wird sich selbst zu zerstören, sowohl intellektuell und buchstäblich.

Sofortige Befriedigung stoppen

Es ist außerordentlich einfach, sich davon abhängig zu machen, dass der Partner alle inneren Wünsche und Bedürfnisse erfüllt. Denken Sie daran, dass Sie, auch wenn Sie mit jemandem zusammen sind, immer noch ein anderes Individuum mit einem schlagenden Herzen und einem Gehirn sind. Die Abhängigkeit von Ihrem Partner kann dazu führen, dass sich Ihr Partner in Ihrer Gesellschaft klaustrophobisch fühlt. Vielleicht sollten Sie auch mit sich selbst zufrieden sein, wenn Ihr Partner nicht da ist. Außerdem sollten Sie daran arbeiten, Ihre psychischen, körperlichen, guten und materiellen Bedürfnisse zu befriedigen, ohne dass Ihr Partner ständig für Sie da sein muss.

Verstehen Sie endlich, dass jede Beziehung Liebe und Nähe genauso braucht wie ein wenig Abstand und Raum. Seien Sie also achtsam, um nicht in eine Falle zu geraten.

Kein altes Gepäck mehr mitschleppen

Mit "altem Gepäck" meine ich nicht die alten Taschen, die schon lange im Kleiderschrank liegen. Vielmehr meine ich Personen, Emotionen und Einschätzungen, die Sie früher hatten und die Sie jetzt daran hindern, Ihre neue Beziehung fortzuführen. Bleiben Sie konsequent mit sich selbst, indem Sie die Vergangenheit loslassen und über Ihre Beziehung zu allem nachdenken, was jetzt in Ihnen ist.

Bewahren Sie eine strategische Distanz zu unvernünftigen Annahmen

Denken Sie nicht mehr daran, dass Ihr Partner Ihre Beziehungsprobleme oder Vertrauensprobleme lösen kann. Ihr Partner ist ein Mensch; er kann Ihnen helfen, aber Sie verlassen sich nicht darauf, dass er Ihnen bei einer Frage hilft, die Sie ständig beeinträchtigt. Das ist intellektuell sehr lähmend, und Sie werden die psychologische Vitalität Ihres Partners aufbrauchen. Es würde helfen, wenn du dich daran erinnerst, dass sie trotz allem mit ihren eigenen Problemen zu Hause, bei der Arbeit und wo auch immer sie das Leben sonst noch erleben, zu kämpfen haben. Glauben Sie daran, lieben Sie einander und seien Sie da, wenn Ihr Partner Sie am meisten braucht, klammern Sie sich nicht an die falschen Erwartungen, dass diese Beziehung Ihnen in jeder Phase Ihres Lebens echte Zufriedenheit bieten wird.

Verbindungen sind keine übernatürlichen Heilmittel, die man jederzeit in die Luft jagen kann, sondern wertvolle Lebensretter, die dazu beitragen können, dass sich Ihr Leben sowohl weniger kompliziert als auch zunehmend charmanter gestaltet.

Hören Sie auf, Ihren Partner zu zwingen, sich zu ändern

Es spielt einmal mehr mit dem Gedanken der Vollendung. Sie sind nicht perfekt, also erwarten Sie auch nicht, dass Ihr Partner makellos sein muss. Denken Sie an Ihren ersten Wunsch zurück und daran, wie Sie zu diesem Zeitpunkt über Ihren Partner gedacht haben. Kritisierst du jede einzelne Sache, die dir an ihm nicht gefällt, oder schätzt du ihn in Anbetracht dessen, was seine Identität ausmachte, eine Ansammlung und ein großer Haufen von Unvollkommenheiten und allem? Ihre Beziehung hat begonnen, und Sie haben die Fähigkeiten und Unzulänglichkeiten des anderen gelobt. Stützen Sie dieses Netzwerk, indem Sie versuchen, lebensfähig, machtlos oder tüchtig zu sein, wo es unzureichend sein könnte. Machen Sie sich klar: Braucht die Welt wirklich einen weiteren Klon von mir?

Schätzen Sie Ihren Partner für das, was er ist, und bemühen Sie sich, das Gleichgewicht zwischen Qualität und Leistung zu erreichen, das in jeder positiven Organisation offensichtlich ist.

Ist es das wert, meinem Partner ein schlechtes Gewissen einzureden, weil er falsch liegt, solange Sie nicht anders können, als Ihrem Partner zu widersprechen, auch wenn ich zeige, dass meine Sichtweise richtig ist?

Lasst uns alle erwachsen werden und aufhören, uns wie Kinder zu benehmen. Was richtig und was falsch ist, ist bedeutungslos, solange das Wichtigste unverändert bleibt, bis es vollendet und erledigt ist.

Verzichten Sie auf die Schaffung negativer Anker

Dies ist die typische Ausprägung des zuvor genannten Punktes. Wann immer wir einen soliden und quälenden enthusiastischen Ausdruck erleben, ist alles in unserer gegenwärtigen Welt mit dem leidenschaftlichen Zustand verbunden. Das bedeutet, dass, wenn Sie von der Arbeit nach Hause kommen und diese Wut an Ihren Partner weitergeben, sich diese Gefühle der Enttäuschung Schritt für Schritt in das Wesen Ihres Partners einnisten werden. Nächste Woche kommen Sie z.B. von der Arbeit nach Hause und fühlen sich pudelwohl, aber in dem Moment, in dem Sie Ihre Frau sehen, fühlen Sie sich unsicher und wütend, und Sie können nicht verstehen, warum? Das ist der Beweis dafür, dass Sie einen schädlichen Magneten auf den Körper Ihres Partners ausüben, und das ist zweifellos der größte und stärkste Störfaktor in der Beziehung des 21. Jahrhunderts. Um das zu verhindern, sollten Sie sich in einer Sekunde, in der Sie außergewöhnliche Emotionen empfinden, von Ihrem Partner trennen und versuchen, ihm nahe zu sein, wenn Sie sich glücklich und erwartungsvoll fühlen.

Diese Methode bannt nicht nur die Gefahr negativer Auseinandersetzungen, sondern erhöht auch die Möglichkeiten, eine positive Beziehung aufzubauen.

Wenn Sie all diese wichtigen Schritte durchlaufen haben, verfügen Sie über die erforderlichen Techniken, um Ihre Beziehungen auf erstaunliche Weise zu entwickeln und auszubauen. Versuchen Sie, geradlinig und zuverlässig zu sein. Nichts ist jemals perfekt, und nichts ist jemals ohne ein wenig Hingabe, Bereitschaft und Zuversicht geschafft worden. Sorgen Sie dafür, dass das Radfahren Spaß macht, unterhaltsam und lohnend ist, und Ihre Partner werden sicherlich die Früchte Ihres Erfolgs sehen.

KAPITEL 29: 9 KOMMUNIKATIONSGEWOHNHEITEN, DIE BEZIEHUNGEN RETTEN

1. Jeden Tag miteinander ins Gespräch kommen

Diese Handlung ist so einfach und doch so wirkungsvoll. Erkundigen Sie sich mindestens einmal am Tag, wie es Ihrem Partner geht. Das muss nicht immer heißen: "Wie geht es dir?" Es kann auch bedeuten, dass Sie ihn fragen, wie sein Tag war, wenn Sie sich nach der Arbeit sehen. Wenn Sie sich daran erinnern, dass Ihr Partner eine schwierige bevorstehende Sitzung erwähnt hat, fragen Sie ihn, wie diese Sitzung verlaufen ist. Auf diese Weise zeigen wir unserem Partner, dass wir uns um ihn kümmern und ihm zuhören.

2. Lernen Sie, "Ich fühle/es fühlt sich an"-Aussagen zu verwenden

Wenn Sie eine Aussage mit "Ich fühle" beginnen, verwandelt sich eine potenziell anklagende oder anmaßende Aussage in etwas Sanfteres. Um in jeder Situation das bestmögliche Ergebnis zu erzielen, insbesondere wenn sich ein Partner in einem empfindlichen Zustand befindet, sind "Ich fühle"-Aussagen der beste Weg, um mit ihm zu kommunizieren. Beachten Sie den Unterschied zwischen diesen beiden Aussagen:

- "Du hörst mir nicht zu. Du hast nichts von dem gehört, was ich gesagt habe."
- "Ich habe das Gefühl, dass du mir nicht zuhörst. Ich habe das Gefühl, du hast nichts von dem gehört, was ich gesagt habe."

Verändern Sie die Betonung von "Sie" zu "Ich". Beachten Sie, wie dadurch etwas, das als anklagend oder aggressiv interpretiert werden könnte, plötzlich zu einer ehrlichen Beobachtung wird. Sie sagen Ihrem Partner nicht, wie er gehandelt hat, sondern Sie betonen, wie Sie seine Handlungen erleben. Das ist ein großer Unterschied. Es ist schwieriger, damit zu argumentieren, denn wenn wir erklären, wie wir uns fühlen, werden wir verletzlich. Da wir nur sagen, dass es sich so anfühlt", können wir unserem Partner die Möglichkeit geben, zu sagen, dass er es nicht so gemeint hat. Wenn wir nicht "es fühlt sich so an" sagen, treiben wir unseren Partner in die Enge, was seine Kooperation unwahrscheinlicher macht.

3. Überdenken Sie, was Sie für "unwichtig" halten

Dieser weniger bekannte Tipp ist bemerkenswert wirksam bei der Veränderung von Beziehungen. Wenn unser Partner etwas sagt, von dem wir glauben, dass es nicht so wichtig ist, übersehen wir eine wichtige Erkenntnis: Es könnte für ihn sehr wichtig sein! Wann immer Sie sagen wollen: "Das ist nett, Schatz", oder vielleicht sogar ganz ignorieren, was der andere sagt, denken Sie an die positiven Auswirkungen, die eine angemessene Antwort haben würde. Wenn Ihre Partnerin gerade von der Arbeit nach Hause gekommen ist und beiläufig erwähnt, dass sie eine neue Freundin gefunden hat, nicken Sie nicht einfach und sagen Sie "Oh, cool". Sagen Sie enthusiastisch: "Das ist wunderbar. Du hast einen neuen Freund gefunden."

Wollen Sie noch etwas wissen? Wenn Ihr Partner Enthusiasmus zeigt, selbst wenn es sich um eine Kleinigkeit handelt, müssen Sie diesen Enthusiasmus mit Interesse erwidern oder ihn zumindest angemessen anerkennen. Wenn Sie einen Spaziergang machen und Ihr Partner sagt: "Oh, schau mal! Was für ein hübscher Vogel!" Wahrscheinlich interessiert Sie der hübsche Vogel nicht. Trotzdem sollten Sie Ihren Partner nie ignorieren, wenn er sich über etwas freut. Sagen Sie: "Ich frage mich, was das für ein Vogel ist", oder stimmen Sie ihm einfach zu, indem

Sie sagen: "Das ist wirklich ein sehr hübscher Vogel." Sie sollten mindestens einmal auf die Aussage Ihres Partners eingehen.

All dies schafft eine engere Verbindung und gibt Ihrem Partner das Gefühl, wirklich wichtig zu sein. Es vermindert das Gefühl, ignoriert und nicht beachtet zu werden. Wenn das Bedürfnis Ihres Partners nach Bedeutung nicht gestillt wird, sollten Sie diese Gewohnheit in Ihre tägliche Kommunikation aufnehmen.

4. Stellen Sie ihnen Fragen zu ihren Interessen

Machen Sie es sich zur Gewohnheit, Ihren Partner nach Themen oder Ereignissen zu fragen, die ihn interessieren. Damit meine ich nicht nur Themen, die er irgendwie interessant findet, sondern die Themen, die ihn begeistern, auch wenn sie ein bisschen albern sind. Wenn Ihr Partner sich für den Klatsch und Tratsch von Prominenten interessiert, fragen Sie ihn, was sein Lieblingspromi in letzter Zeit macht, oder was er von dem neuesten Artikel über ihn hält.

Erinnern Sie sich an das letzte Mal, als Sie die Augen Ihres Partners leuchten sahen, wenn er oder sie sich unterhielt. Das ist ein guter Ansatzpunkt. Wenn wir uns dies zur Gewohnheit machen, bauen wir eine stärkere Verbindung zu unseren Partnern auf. Sie fühlen sich dann besonders, weil Sie sich nicht nur daran erinnern, was sie lieben, sondern sich auch genug dafür interessieren, dass sie darüber sprechen. Zeigen Sie beim Sprechen echte Begeisterung für das, was sie sagen.

5. Sagen Sie Ihrem Partner jeden Tag mindestens eine positive oder ermutigende Sache

Es muss kein langer Liebesbrief sein. Sagen Sie Ihrem Partner jeden Tag mindestens eine positive Nachricht, auch wenn sie kurz und knapp ist. Das kann alles Mögliche sein, und es sollte mit Begeisterung ausgesprochen werden. Sie können dies auch per SMS tun. Einige Ideen sind:

- "Du hast in letzter Zeit so hart gearbeitet. Weißt du, ich bewundere, wie hart du arbeitest."
- "Ich weiß, dass du gestresst warst, aber ich denke, du hast alles sehr gut gemeistert."
- "Du siehst heute wunderbar aus."

Wenn Ihnen nichts einfällt, warum dann nicht ein einfaches, aber von Herzen kommendes "Ich liebe dich"? Fügen Sie mehr positive Aussagen in Ihre tägliche Kommunikation mit Ihrem Partner ein, und Sie werden feststellen, dass Ihre gesamte Dynamik sofort liebevoller wird.

6. Wenn Sie nicht einverstanden sind, fordern Sie sie sanft zum Nachdenken auf

Sie können Meinungsverschiedenheiten mit Ihrem Partner nicht vermeiden, aber Sie können verhindern, dass sie sich zu einem ausgewachsenen Streit entwickeln. Statt "Du solltest" oder "Du solltest nicht" zu sagen, ermutigen Sie ihn zum Nachdenken. Drängen Sie ihm keine Idee auf, sondern führen Sie ihn zu ihr.

Nehmen wir ein Beispiel. Kelly hat eine Verabredung zum Mittagessen mit einem Freund geplant, der sie immer niedermacht und gemein zu ihr ist. Ihr Partner James hält es für keine gute Idee, sich mit ihr zu treffen. Anstatt zu sagen: "Du solltest dich nicht mit ihr treffen", regt er lieber zum Nachdenken an. Er fragt: "Glaubst du, dass sie sich genauso verhalten wird wie beim letzten Mal?" und "Was glaubst du, was dieses Mal anders sein wird?" James lässt seine

Meinung durch die Verwendung von "Ich"-Aussagen kundtun. Er sagt: "Ich mache mir einfach Sorgen, dass sie eine schlechte Freundin sein wird, so wie sie es normalerweise ist. Ich mag es nicht, wenn du dich aufregst.

Verwenden Sie Fragen, um Ihren Partner zum Nachdenken anzuregen, und wenn Sie Ihre Meinung hinzufügen müssen, verwenden Sie immer "Ich"-Aussagen.

7. Sag immer noch "Bitte" und "Danke

Wenn wir aufhören, unsere grundlegenden Umgangsformen gegenüber jemandem anzuwenden, ist das ein beunruhigendes Zeichen dafür, dass wir sie als selbstverständlich ansehen. Stellen Sie sicher, dass Sie, egal was passiert, immer in den richtigen Momenten "bitte" und "danke" sagen. Auch wenn Sie schlecht gelaunt sind, sollten Sie es sagen. Dies ist die grundlegendste Art, jemandem seine Wertschätzung zu zeigen, und wenn wir damit aufhören, zeigen wir ein Gefühl des Anspruchs. Sie denken vielleicht, Ihr Partner merkt das nicht, aber er merkt es, vor allem, wenn er sich sehr bemüht hat, Ihnen etwas zu geben. Zeigen Sie Ihrem Partner stets Ihre Wertschätzung für seine Bemühungen und halten Sie sich an diese grundlegenden guten Umgangsformen.

8. Bettgeflüster führen

Auch wenn beide Partner einen vollen Terminkalender haben, gibt es keinen Grund, warum sie nicht ein wenig Bettgeflüster genießen können. Schließlich müssen wir alle irgendwann einmal ins Bett gehen! Das Bettgeflüster findet am Ende des Tages statt, wenn die Paare im Bett einschlafen. Dabei handelt es sich um ein intimes und entspanntes Gespräch, bei dem beide Partner ihre Gedanken austauschen können. Die Paare können sich entscheiden, ob sie kuscheln wollen oder nicht, aber körperlicher Kontakt schafft in der Regel eine liebevollere Atmosphäre. Wenn Sie ein etwas angespanntes Gespräch führen, kann Kuscheln die Streitlust verringern und die Wahrscheinlichkeit einer Zusammenarbeit erhöhen. Wenn Paare sich angewöhnen, miteinander zu kuscheln, haben sie eine größere Chance, die Intimität und Verbindung in ihrer Beziehung aufrechtzuerhalten.

9. Teilen Sie offen mit Ihrem Partner

Um ein größeres Gefühl der Vertrautheit und Verbundenheit zu schaffen, warten Sie nicht darauf, dass Ihnen Fragen gestellt werden, sondern fangen Sie einfach an, interessante Dinge aus Ihrem Tag zu erzählen. Erzählen Sie von lustigen Dingen, die bei der Arbeit passiert sind, oder von der witzigen SMS, die Ihnen Ihr Freund geschickt hat. Wenn Sie sich über etwas geärgert haben, seien Sie verletzlich und teilen Sie es ihm mit. Wenn Sie damit anfangen, schaffen Sie eine Umgebung, in der das Teilen und die Offenheit nicht nur willkommen, sondern völlig normal sind. Das bedeutet, dass auch Ihr Partner eher bereit ist, mit Ihnen zu teilen. Wenn die Distanz zwischen zwei Menschen wächst, neigen sie dazu, zu viel darüber nachzudenken, wie sie es besser machen können. Die Lösung ist einfach: Tun Sie einfach so, als gäbe es keine Distanz.

Wenn Sie offen mit Ihrem Partner sprechen, sollten Sie ihm die Gelegenheit geben, sich mitzuteilen. Reden Sie nicht stundenlang nur über Sie und Ihren Tag. Fordern Sie ihn auf, von aufregenden oder interessanten Dingen in seinem Leben zu erzählen. Natürlich sind einige von uns von Natur aus gesprächiger, und manchmal können wir einfach nicht anders.

KAPITEL 30: VERSCHIEBUNG VOM ICH ZUM DU... UND DANN VOM DU ZUM WIR: NEUNTER SCHRITT

Beziehungen erfordern Pflege und ständige Arbeit, um erfolgreich zu sein und sich in eine lange, liebevolle und glückliche Beziehung zu verwandeln. Paare sollten nicht selbstlos sein. Sie sollten verstehen und reif sein, um eine gesunde Beziehung zu führen. Ausgehend von der Ich-Bezogenheit muss ein Paar lernen, sich gegenseitig zu schätzen und zu verstehen. Den Menschen wird oft beigebracht, dass Liebe einfach passiert, und manchmal wird ihnen sogar gesagt, dass für eine erfolgreiche Beziehung nur Liebe nötig ist. Beziehungen sind jedoch viel mehr als das, und Liebe allein reicht nicht aus. Die Liebe kann der erste Funke sein, der die Beziehung entfacht, und sie ist der Grund für ihre Existenz. Um eine dauerhafte Beziehung zu einem anderen Menschen aufzubauen, muss man bei der Definition von Liebe realistischer vorgehen. Die vereinfachte Sichtweise oder das Märchen, von dem man in seiner Jugend geträumt hat, ist der erste Platz.

Um eine glückliche Beziehung zu führen, müssen Sie aktiv daran arbeiten und das Beste aus allem machen, was Ihnen auf Ihrem Weg zum Glück begegnet. Eine glückliche Beziehung zu haben bedeutet, bewusste Entscheidungen zu treffen, die auf dieses Glück hinarbeiten, auch wenn die Entscheidungen, die Sie treffen, manchmal schwierig und herausfordernd erscheinen.

Jeder macht Fehler, wenn es um Beziehungen geht, und damit meinen wir nicht nur romantische Beziehungen. Selbst bei Freunden kann unser Verhalten Einfluss darauf haben, wie sehr sie uns vertrauen, sich auf uns verlassen und wie sehr wir uns mit ihnen verbinden - und auf welcher Ebene. Die Tatsache, dass wir alle Fehler machen, bedeutet nicht, dass Sie nichts dagegen tun können. Da gibt es eine Menge! Es gibt Maßnahmen, die sowohl Sie als auch Ihr Partner ergreifen können, um Fehler zu vermeiden, mit ihnen umzugehen, wenn sie bereits passiert sind, und Ihre Beziehung glücklich zu machen:

• **Ihr Partner ist Ihnen ebenbürtig:** Das wird oft vergessen, wenn man sich gegenseitig herumkommandiert. Erkennen Sie sich oder Ihren Partner wieder, wenn Sie dies lesen? Anstatt die Beziehung zu führen, sollten Sie versuchen, zusammenzuarbeiten. Arbeiten Sie zusammen, hören Sie Ihrem Partner zu und seien Sie so unterstützend wie möglich.

• **Seien Sie respektvoll:** Viel Zeit mit einer Person zu verbringen, kann in der Tat anstrengend sein, besonders wenn Sie mit Ihrem Partner zusammenleben. Manchmal hat es den Anschein, als würde Ihr Partner Ihre Nerven oder Ängste strapazieren, und Sie spüren, wie sich Wut oder Unmut in Ihnen aufstauen. Vielleicht schlagen Sie dann um sich, auch wenn er oder sie nicht ganz schuldlos ist. Ganz gleich, wie Sie sich fühlen, wie wütend Sie sind, Ihr Partner muss lernen, mit solchen Gefühlen umzugehen. Kommunikation spielt hier eine wichtige Rolle, ebenso wie Selbstbeherrschung. Üben Sie beides auch außerhalb Ihrer Beziehung, und Sie werden sehen, welchen positiven Einfluss es auf die Menschen hat.

• **Verbringen Sie viel Zeit mit Ihrem Partner:** Damals, als Ihre Beziehung noch frisch und neu war, haben Sie so viel Zeit miteinander verbracht und alles gemeinsam unternommen. Wo ist das alles geblieben? Nun, das Leben geht weiter, Kinder kommen, die Menschen konzentrieren sich auf ihren Job und ihre Karriere, ihr Zuhause, ihre Hausarbeit und so weiter. Manche verlieren vielleicht ihre gesamte Freizeit, die sie früher ihrem Partner gewidmet haben.

Doch damit eine Beziehung gelingt, muss man sich diese Zeit nehmen, auch wenn sie knapp ist. Glückliche Beziehungen verlangen von Ihnen, dass Sie sich und Ihren Partner anspornen und gemeinsam etwas unternehmen. Es reicht nicht aus, sich am Ende des Tages über die Arbeit oder verschiedene Probleme zu unterhalten. Qualitätszeit bedeutet, gemeinsam an einem Projekt zu arbeiten. Sie können zum Beispiel Ihr Haus neu streichen, ein Puppenhaus für Ihre Kinder bauen, gemeinsam wandern oder Sport treiben, sich ehrenamtlich in einem Tierheim engagieren und so weiter.

• **Lernen Sie, zu verzeihen**: Es ist wichtig zu wissen, wie man die Fehler des Partners verzeihen kann, aber man muss auch bereit sein, sich selbst zu verzeihen. Einfühlungsvermögen spielt bei der Vergebung eine wichtige Rolle. Sie hilft Ihnen, die Emotionen Ihres Partners zu spüren, sein Verhalten zu verstehen und in Ihrem Herzen Platz für echte und bedingungslose Vergebung zu schaffen. Seien Sie auch sich selbst gegenüber so. Lernen Sie Selbstmitgefühl und üben Sie es.

• **Erwartungshaltung**: Wenn man sich an jemanden bindet, heißt das nicht, dass man sich darauf verlassen muss, dass er oder sie einen glücklich macht. Junge Paare machen diesen Fehler oft. Ihr Partner ist Ihr Begleiter durchs Leben und nicht nur ein Accessoire. Erwarten Sie von Ihrem Partner nicht, dass er Sie vollständig versteht oder kennt, denn das kann nur selten jemand leisten, und es wird Sie nur beunruhigen.

Wie können Sie dieses Ziel erreichen?

Vertrauen, Ehrlichkeit und Loyalität

Die drei erstrebenswertesten Eigenschaften, die Menschen bei ihren Liebespartnern suchen, sind Vertrauen, Ehrlichkeit und Loyalität. Diese Eigenschaften sind jedoch nicht für jeden selbstverständlich. Manche erwerben sie in ihrer Kindheit, während andere sie lernen und ihnen treu bleiben müssen, um eine gesunde, stabile Beziehung aufzubauen.

Vertrauen

Wir entwickeln schnell ein geringes Selbstwertgefühl, wenn wir in einer früheren Beziehung verletzt wurden. Es mag schwierig sein, Ihr Vertrauen zurückzugewinnen, aber es ist nicht unmöglich. Das Selbstvertrauen sollte stark, aber dennoch nachgiebig sein, denn zu selbstbewusste Menschen können unflexibel sein und schlecht zuhören. Das richtige Maß an Selbstvertrauen wird jedoch Ihre Beziehung verbessern, die Art und Weise, wie Sie in Stresssituationen reagieren, und es wird sich positiv auf Ihre Gesundheit auswirken. Es gibt eine Reihe von Übungen, die Sie jeden Tag machen können, um Ihr Selbstvertrauen zu stärken, z. B. die folgenden:

• **Haben Sie eine klare Vorstellung davon, was Sie erreichen wollen**: Die Visualisierung Ihrer Ziele ist eine fantastische Methode, um sich zu motivieren. Es wird Sie auf Trab halten und Sie an Ihre Wünsche und Ziele erinnern. Scheuen Sie sich nicht, mit Freunden, der Familie und vor allem mit Ihrem Partner darüber zu sprechen, was Sie wollen. Sie können Ihnen helfen, Ihr Ziel zu erreichen, sei es mit guten Ratschlägen oder mit Unterstützung.

• **Bejahen Sie sich selbst**: Das bedeutet, dass Sie positive Aussagen und Meinungen über sich selbst äußern müssen. Das mag zunächst albern klingen, aber wenn Sie es hören, sogar wenn Sie es laut aussprechen, wird es Ihnen helfen, es zu glauben. Das menschliche Gehirn neigt dazu, Aussagen schneller zu akzeptieren, wenn sie in Form einer Frage formuliert sind.

Anstatt zu sagen: "Ich kann gut mit Geld umgehen", sollten Sie sich fragen: "Warum kann ich so gut mit Geld umgehen?"

• **Fordern Sie sich selbst heraus:** Tun Sie einmal am Tag etwas, wovor Sie Angst haben. In den meisten Fällen ist der beste Weg, die Angst zu überwinden, sich ihr zu stellen. Ängste halten Menschen oft davon ab, einfache, alltägliche Dinge zu tun, wie einen Anruf zu tätigen, zur Bank zu gehen oder neue Leute zu treffen. Wenn Sie Dinge tun, die Ihnen Angst machen, werden Sie erkennen, dass Sie sich verbessern können. Die Herausforderung kann sogar Ihr Selbstvertrauen stärken und Ihnen mit der Zeit helfen, einige Ihrer Ängste zu überwinden. Machen Sie es einfach zu einem Ritual und stellen Sie sich jeden Tag einer neuen Herausforderung.

• **Seien Sie selbstbewusst:** Menschen mit verschiedenen Ängsten kritisieren sich oft selbst, weil sie unmögliche Maßstäbe an sich stellen. Dieses Verhalten führt jedoch in der Regel zu großen Ängsten und Belastungen in einer Beziehung. Anstatt auf Ihren inneren Kritiker zu hören, sollten Sie versuchen, sich selbst zu loben. Klopfen Sie sich selbst auf die Schulter, wenn Sie Ihre Arbeit gut gemacht haben, anstatt zu sehr darüber nachzudenken, ob Sie gut genug waren.

Ehrlichkeit

Ehrlich zu sein bedeutet so viel mehr als nur die Wahrheit zu sagen. Es bedeutet auch, keine Geheimnisse vor seinem Partner zu haben, sich um andere zu kümmern und integer zu sein. Ehrlich zu sein bedeutet, dass Ihr Partner sich voll und ganz auf Sie verlassen kann, Ihnen von ganzem Herzen vertraut und stolz auf Sie ist. Beachten Sie, dass selbst kleine "Notlügen" zu Beziehungsproblemen, Misstrauen und Ängsten führen können, sowohl bei Ihnen als auch bei Ihrem Partner, wenn er oder sie die Wahrheit erfährt. Wenn Sie sich dabei ertappen, dass Sie aufgrund von Stress kleine Lügen erzählen, müssen Sie sich vielleicht in Ehrlichkeit üben. Hier sind die Schritte, die Sie unternehmen können, um zu lernen, wie Sie vollkommen ehrlich sein können, ohne ängstlich zu sein:

1. **Verstehen Sie, warum Sie gelogen haben:** Haben Sie Dinge erfunden, um sich selbst besser darzustellen? Oder um Peinlichkeiten zu vermeiden? Zu verstehen, warum Sie gelogen haben, ist ein großer Schritt nach vorn, um die Dinge über Sie zum Besseren zu verändern. Menschen lügen aus verschiedenen Gründen, aber wenn Sie sich dieser Gründe bewusst sind, können Sie auf andere Weise mit ihnen umgehen. Vielleicht müssen Sie an Ihrem Selbstvertrauen arbeiten, oder Sie denken, dass Sie mehr Respekt verdienen. Versuchen Sie, sich diesen mit Ehrlichkeit zu verdienen, anstatt Geschichten über sich zu erfinden. Menschen lügen oft aus Scham oder aus Mangel an Selbstvertrauen und Selbstwertgefühl. Wenn Sie zum Beispiel etwas getan haben, auf das Sie nicht stolz sind, könnten Sie versucht sein, es mit Lügen zu vertuschen.

2. **Ändern Sie Ihr Verhalten:** Schuldgefühle sind ein starkes Gefühl, und jedes Verhalten, das dazu geführt hat, dass Sie sie erleben, löst Angst aus. Wenn Sie von anderen für schuldig befunden werden, können Sie auch deren Respekt verlieren. Wenn Sie sich schuldig fühlen und dies zugeben, wird man Sie eher verstehen als verurteilen, vor allem, wenn es sich um Ihren Partner handelt, der Sie liebt. Sie sollten sich jedoch nicht allein auf Ihr Wissen verlassen. Versuchen Sie, schlechte Gewohnheiten und Verhaltensweisen zu ändern und vermeiden Sie

es, sich in eine Situation zu begeben, in der Sie sich schuldig fühlen und die Sie dazu bringt, Ihre Lieben zu belügen.

3. **Vergleichen Sie sich nicht mit anderen:** In unserem Bestreben, besser zu sein und Respekt zu verdienen, lügen wir oft darüber, wer wir sind. Sie müssen akzeptieren, wer Sie sind, und lernen, damit zu leben, auch wenn Sie sich selbst in einem negativen Licht sehen. Vergessen Sie nicht, dass Menschen aus Angst oft übermäßig kritisch mit sich selbst umgehen, und Sie sind vielleicht gar nicht so fehlerhaft, wie Sie denken. Verbessern Sie sich, arbeiten Sie an Ihrer Persönlichkeit und werden Sie so, wie Sie sein wollen, anstatt zu lügen. Anstatt Dinge über sich selbst zu erfinden, um Ihren Partner zu beeindrucken, sollten Sie ihn oder sie mit Ihrer Ehrlichkeit beeindrucken. Das wird eine Verbindung zwischen Ihnen beiden aufbauen und Ihre Beziehung stärken.

Loyalität

Wenn wir über Loyalität in einer Beziehung nachdenken, bedeutet das normalerweise, nicht fremdzugehen. Aber Loyalität bedeutet auch Hingabe an den Partner, Treue, Engagement und Ehrlichkeit. Loyalität ist so viel mehr als nur Treue. Sie bedeutet, dass Sie sich Ihrem Partner gegenüber öffnen und alle Ihre Gefühle, Gedanken und Meinungen mit ihm teilen. Hier ist, was Sie tun können, um Ihre Treue zu Ihrem Partner zu zeigen und zu beweisen:

• **Seien Sie ehrlich zu sich selbst:** Üben Sie sich in Transparenz, lernen Sie sich selbst kennen und werden Sie sich bewusst, wer Sie sind. Wir haben oft ein falsches Bild von uns selbst, und wenn man sich selbst nicht kennt, wie kann man dann jemandem eine Verbindung anbieten. Wie können Sie sich selbst mitteilen und sich engagieren?

• **Seien Sie offen gegenüber Ihrem Partner:** Seien Sie nicht nur ehrlich, sondern lassen Sie sich von ihm lesen. Teilen Sie Ihre Gefühle und Meinungen am Ende des Tages mit. Setzen Sie sich mit Ihrem Partner zusammen und nehmen Sie sich Zeit, um über Ihren Tag zu sprechen. Lassen Sie alle Ereignisse einfließen und bringen Sie zum Ausdruck, wie Sie sich dabei gefühlt haben und wie es Sie beeinflusst hat.

• **Seien Sie unterstützend:** Seien Sie für Ihren Partner da, in guten wie in schlechten Zeiten. Wir alle haben unsere Momente, in denen selbst der kleinste Wutanfall Ängste auslöst. Urteilen Sie nicht über Ihren Partner. Sagen Sie ihm oder ihr nicht, wie er oder sie sich zu verhalten oder was zu tun hat. Unterstützen Sie ihn mit Verständnis und Fürsorge. Sagen Sie nicht Dinge wie "Es gibt keinen Grund, wütend zu sein". Sagen Sie: "Ich verstehe, warum dich das wütend macht."

KAPITEL 31: PRAKTISCHE ÜBUNGEN FÜR PAARE IN DER EHE

Kinder und Elternschaft

Nachdem sie einige dringende Probleme in ihrer Ehe angesprochen hatten, verfügten Randy und Felice über die emotionale Stabilität, die sie brauchten, um sich ihren Töchtern zuzuwenden und eine Bestandsaufnahme einiger ihrer laufenden Erziehungsprobleme vorzunehmen.

"Meine größte Sorge bei unserer Erziehung ist die Art und Weise, wie wir disziplinieren", sagte Felice.

"Ich persönlich denke, du solltest dich entspannen und sie in Ruhe lassen", sagte Randy. "Ich meine, es sind Kinder. Sie sollen Doritos essen und YouTube gucken."

"Sehen Sie, das ist das Problem", sagte Felice und wandte sich an mich. "Er untergräbt mich."

Felice hatte aufgehört zu arbeiten, um die Mädchen zu erziehen, mit einem Teilzeit-Kindermädchen, und sie hatte erst vor kurzem begonnen, einige Teilzeit- und Freiwilligenarbeit zu übernehmen. Randy war aufgrund seines Arbeitsplans weniger in ihrer Nähe, und obwohl er vorhatte, Felice bei der Festlegung von Grenzen und der Durchsetzung von Konsequenzen zu folgen, wenn die Mädchen ihren Pflichten nicht nachkamen. Wenn es an der Zeit war, Grenzen durchzusetzen, widersprach er Felice häufig oder ließ die Dinge schleifen. Erschwerend kam hinzu, dass die Mädchen anscheinend unterschiedlich viel Disziplin brauchten. Ihre Tochter Olivia neigte viel eher dazu, ihre Hausaufgaben regelmäßig zu erledigen und den Tisch zu decken und abzuräumen, während Charlotte die Hausaufgaben aufschob und bei der Hausarbeit verschwand.

"Sie haben unterschiedliche Persönlichkeiten", sagte Randy. "Du bist zu streng mit Charlotte."

"Du bist zu nachsichtig mit Charlotte", sagte Felice. "Sie weiß, dass du ihr alles durchgehen lässt, egal was sie tut."

Foster Cline, MD, und Jim Fay, Mitbegründer des Love and Logic Institute und Autoren von Parenting with Love and Logic, haben vier gängige Erziehungsstile beschrieben: Drill-Sergeant-Eltern, Helikopter-Eltern, Laissez-faire-Eltern und Berater-Eltern. Drill-Sergeant-Eltern stellen Macht und Kontrolle in den Vordergrund und erwarten, dass Kinder die Regeln befolgen und Forderungen erfüllen oder bestraft werden. Helikopter-Eltern haben zwar gute Absichten, versuchen aber, ihre Kinder vor praktisch jeder unangenehmen Erfahrung zu bewahren, sei es körperlich oder emotional. Sie versuchen, es ihren Kindern recht zu machen, stellen wenig Forderungen und erwarten wenig. Laissez-faire-Eltern geben ihren Kindern so gut wie keine Anleitung, sei es, weil sie distanziert oder überfordert sind oder weil sie der Meinung sind, dass Kinder am besten lernen, wenn sie für sich selbst sorgen. Beratende Eltern setzen feste, durchdachte Grenzen, die auf der Sicherheit der Kinder und den Auswirkungen ihres Verhaltens auf andere basieren. Beratende Eltern geben den Kindern Optionen innerhalb bestimmter Parameter, damit die Kinder selbständig denken und aus den Ergebnissen ihrer Entscheidungen lernen können.

Als Drill-Sergeant-Eltern, Helikopter-Eltern oder Laissez-faire-Eltern übernehmen wir in der Regel entweder den Erziehungsstil unserer eigenen frühen Bezugspersonen oder tun das Gegenteil, um zu vermeiden, dass unsere Kinder so verletzt werden, wie wir selbst verletzt wurden. Wenn Sie als Paar Zeit damit verbringen, Ihre reflexartigen Erziehungsgewohnheiten zu untersuchen und darauf hinarbeiten, beratende Eltern zu werden, kann das Ihren Umgang mit Ihren Kindern erleichtern und für mehr Frieden in Ihrem Zuhause sorgen.

Während dieser Diskussionen über Erziehungsstile wurde Randy klar, dass er bei all den Konflikten und Konfrontationen, die er bei der Arbeit austragen musste, selbst ein Kind sein wollte, wenn er nach Hause kam. Er hatte sich angewöhnt, mit seinen Töchtern umzugehen, als wären sie Freunde. Und obwohl es schön ist, freundlich zu unseren Kindern zu sein, geht es bei der Behandlung unserer Kinder als Freunde mehr um unsere Bedürfnisse als um ihre. So sehr Olivia und Charlotte es auch genossen, dass ihr Vater sie in diesem Moment verwöhnte, so beunruhigend war es auch, so viel Macht zu haben. Es geht nicht nur darum, seinen Willen durchzusetzen oder Machtkämpfe zu gewinnen. Kinder müssen sich der Autorität ihrer Eltern sicher fühlen, die Gründe für Grenzen verstehen und die Freiheit haben, selbst zu denken und aus ihren eigenen Entscheidungen zu lernen.

Felice erkannte, dass sie dazu neigte, zwischen dem Helikopter- und dem Drill-Sergeant-Erziehungsstil hin und her zu schwanken. Obwohl dies in mancher Hinsicht eine Verbesserung gegenüber der Vernachlässigung darstellte, mit der sie aufgewachsen war, war es weit entfernt von der bewussten, geerdeten Erziehung, die sie verkörpern wollte. Sowohl Felice als auch Randy beschlossen, sich mit einem örtlichen Elterncoach in Verbindung zu setzen, und vereinbarten ein paar Online-Coaching-Sitzungen. Es dauerte nicht lange, bis sie die Zusammenhänge zwischen ihren Reaktionen auf ihre Töchter und dem, was sie in ihrer Kindheit erlebt hatten, erkannten. Sie stellten fest, dass es einfacher war, Anpassungen vorzunehmen, als sie erwartet hatten.

Übung

Der Sprecher nennt den Erziehungsstil, mit dem er sich am meisten identifizieren kann: Drill-Sergeant, Helikopter, Laissez-faire oder Berater. Versuchen Sie, sich selbst und Ihrem Partner gegenüber ehrlich und vorurteilsfrei zu sein. Welchen Erziehungsstil verfolgten Ihre Eltern oder primären Bezugspersonen, als Sie aufgewachsen sind? Was waren die Vor- und Nachteile dieses Erziehungsstils?

Ertappen Sie sich dabei, dass Sie Ihre eigene Autorität als Elternteil herunterspielen, um Konflikte zu minimieren oder zu vermeiden, oder dass Sie Ihre Autorität über Gebühr ausnutzen, um Ihre Kinder zu kontrollieren? Sprechen Sie über eine Möglichkeit, wie Ihr Partner Sie dabei unterstützen könnte, mehr ein beratender Elternteil zu sein.

Geld

Trotz ihrer Differenzen war Geld für Oliver und Gail nie ein Problem gewesen. Als sie zusammenzogen, teilten sie ihre getrennten Finanzen klar auf und übernahmen finanzielle Verantwortung in einer Weise, die sich einfach und gerecht anfühlte. Sowohl Oliver als auch Gail - eine freiberufliche Fotografin - verdienten ein sechsstelliges Einkommen, wobei Oliver, der als Wirtschaftsprüfer arbeitete, über seine Firma zusätzliche Versicherungs- und Rentenleistungen erhielt.

Als Oliver in Gails mietfreie Wohnung in West Village einzog, hielten sie ihr Geld weiterhin getrennt, eröffneten jedoch ein gemeinsames Konto für gemeinsame Ausgaben wie Lebensmittel und Haushaltsrechnungen. Sie hatten es nicht eilig zu heiraten, aber als Gail schwanger wurde, beschlossen sie, eine kleine zivile Zeremonie in der City Hall in Lower

Manhattan abzuhalten. Danach meldete Oliver Gail bei seiner Krankenkasse an. Keiner der beiden wollte sein Geld auf ein gemeinsames Konto einzahlen. Sie genossen das Gefühl der Differenzierung, das ihnen die getrennten Konten gaben.

"Ich weiß, dass es seltsam ist, das zu sagen, aber unser Geld zu trennen, war sexier", gestand Gail. "Ich lud ihn gerne zum Essen ein, und ich mochte es, wenn er mir Geschenke kaufte. Diese Geldgrenze gab uns ein gewisses Maß an Raum und Trennung.

Als ein paar Monate später ihre Tochter Riley geboren wurde, ging Gail in Mutterschaftsurlaub, und ihr Einkommen brach zusammen. Oliver begann, alle Haushaltsausgaben, Rechnungen und die Miete zu übernehmen. Sie waren sich einig, dass diese Regelung nur vorübergehend sein würde.

"Wann gehst du wieder zur Arbeit?" fragte Oliver Gail gelegentlich.

"Ich weiß nicht", würde Gail sagen. "Kindermädchen sind teuer, und die Tagesbetreuung auch."

Sie begannen sich häufiger zu streiten. Die kleinste Ausgabe konnte einen Konflikt auslösen, wobei Olivers Unmut und Gails Abwehrhaltung einen Mini-Molotow-Cocktail erzeugten, wo immer sie sich aufhielten, in einem Park, in einem Café oder auf dem Weg zu Verwandtenbesuchen. Innerhalb eines Jahres führte Olivers Unmut dazu, dass sie in getrennten Betten schliefen. Obwohl Gail wusste, dass es keine Lösung war, die Arbeit zu meiden, rechtfertigte sie ihre Entscheidung, Jobangebote abzulehnen, mit der Überzeugung, dass nur sie sich um Riley kümmern konnte. Nach Auseinandersetzungen mit Oliver kuschelte sie sich an ihre schlafende Tochter und beruhigte sich, indem sie in ihr engelsgleiches Gesicht starrte. Die Mutterschaft hatte sowohl ihre Ehe als auch ihre Karriere in den Hintergrund gedrängt.

"Ich habe mich nicht dazu bereit erklärt, der alleinige Ernährer zu sein", sagte Oliver, als sie zur Therapie zurückkehrten. "Ich dachte, wir würden gleichberechtigte Partner sein. Irgendetwas ist aus dem Gleichgewicht geraten."

Gail wusste, dass sie mit Oliver nicht ganz offen über ihre beruflichen Unsicherheiten, ihr geringes Selbstwertgefühl, ihre Gefühle der Bindung an Riley und ihre Ängste, ihre Tochter in der Obhut eines anderen zu lassen, gesprochen hatte. In einer Sitzung gab sie zu, dass ein Teil von ihr mit dem, was sie in ihrer Beziehung war, so unglücklich geworden war, dass sie sich manchmal wünschte, Oliver würde sich von ihr scheiden lassen, damit sie ihr Leben allein mit Riley leben könnte. Es schien, als wäre das einfacher.

Die Situation von Gail und Oliver war mit zahlreichen Herausforderungen verbunden. Sie mussten sich Fragen stellen, die mit Geld zu tun hatten, und ob es noch sinnvoll war, es getrennt zu halten. Wie haben sich die Machtverhältnisse verschoben, seit Gail nicht mehr arbeitet und kein eigenes Einkommen mehr erzielt? Wie hoch war der Wert von Gails unbezahlter Arbeit? Sollten sie ein gemeinsames Konto eröffnen, damit Gail nicht in der Lage wäre, Oliver um Hilfe bei den täglichen Ausgaben zu bitten? War es fair, von Oliver zu erwarten, dass er der Alleinverdiener ist, obwohl sie vor Gails Schwangerschaft eine andere Vereinbarung getroffen hatten? Welche Vor- und Nachteile hätte es, wenn Gail als freiberufliche Fotografin arbeiten würde und nicht zu Hause bliebe? Was wäre der Preis für ihre Ehe, wenn Gail nicht wieder arbeiten würde und Oliver weiterhin der Alleinverdiener wäre?

Es gibt keine absoluten Antworten auf diese Fragen, genauso wenig wie es eine Einheitsmethode oder einen inhärenten Vorteil für die Trennung oder das Teilen von Geld innerhalb eines Paares gibt.

Für Gail und Oliver begann das Stellen der Fragen ohne Wut oder Schuldzuweisungen die Spannungen abzubauen, die sich über ein Jahr lang zwischen ihnen aufgebaut hatten. Durch die Therapie begann Gail zu erkennen, dass ihre Angst, jemand anderen für Riley sorgen zu lassen, ein Deckmantel für andere, tiefere Ängste war. Dazu gehörten die Angst vor dem Versagen, die Angst vor dem Erfolg, die Angst, die volle Verantwortung für ihr Leben zu übernehmen, und die Angst vor dem, was sie sowohl verlieren als auch gewinnen könnte, wenn sie sich der Komplexität ihrer oft widersprüchlichen Wünsche öffnen und ihr Leben authentischer und vollständiger leben würde.

Wenige Wochen nach ihren ersten harten Gelddiskussionen kramte Gail ihre Beleuchtungs- und Fotoausrüstung hervor und fuhr zu ihrem ersten Fotoauftrag seit der Geburt ihrer Tochter. Oliver verbrachte den Nachmittag mit Riley im Park, spielte Verstecken und schöpfte neue Hoffnung für seine Ehe.

Übung

Die Sprecherin spricht über ihre Geldgrenzen. Mögen Sie getrennte Konten, gemeinsame Konten oder eine Kombination, wenn es um das Teilen und Trennen von Finanzen geht? Was sind die Vor- und Nachteile von getrennten Konten? Oder für gemeinsame Konten? Welcher Aspekt Ihrer Geldgrenzen als Paar könnte Ihrer Meinung nach geklärt oder verbessert werden?

Respekt

Respekt ist ein wesentlicher Aspekt einer wunderbaren Beziehung - wenn nicht sogar der wichtigste. Es ist wichtig, dass Sie alle Aspekte Ihrer Beziehung respektvoll ansprechen. Dazu gehört, mitfühlend zu sein, die Grenzen des Partners zu respektieren und nichts zu tun, was ihn absichtlich verletzen würde. Streit ist unvermeidlich, aber aus einer Position der Liebe heraus können Sie ihn führen.

Jede Beziehung ist natürlich anders. Sie werden diese Liste ergänzen und sogar ändern, wenn Sie Ihren Partner kennen lernen und herausfinden, was für Ihre einzigartige Beziehung am besten ist. Es gehört zum Spaß am Dating und am Verlieben dazu, zu wissen, was eine Beziehung für Sie bedeutet.

Körperliche Intimität und Sex

Will und Lani nahmen ihr Sexualleben ernst. Obwohl Will sich zunächst geweigert hatte, Viagra zu nehmen, stimmte er zu, es zu versuchen, um seine leistungsbezogenen Ängste abzubauen und aus seinem sexuellen Trott herauszukommen. Eine Kombination von Faktoren - von unverarbeiteter Trauer über seine verstorbene erste Frau bis hin zu Selbstbewusstsein - schien seiner sexuellen Beziehung zu Lani im Wege zu stehen. Obwohl Lani und Will älter waren und beide eine Vielzahl von sexuellen Erfahrungen mit vielen früheren Sexualpartnern gemacht hatten, kann eine feste intime Beziehung Schichten von Konditionierung und Scham freilegen, die kurze Romanzen oder leidenschaftliche Liebesaffären nie ganz erreichen.

"Ich habe mich in sexueller Hinsicht immer falsch gefühlt", sagte Lani, wobei ihre Stimme das verborgene Gefühlsreservoir andeutete, das sie in Bezug auf dieses Thema in sich trug. "Als ob ich ein hypersexueller Freak wäre."

"Ich finde es toll, wie sexuell du bist", sagte Will.

"Danke", sagte Lani. *"Aber ich habe immer noch das Gefühl, dass meine Sexualität dich abtörnt."*

Lani erinnerte sich daran, dass sie sich schon immer begehrenswert gefühlt hatte, obwohl ihr in ihrer italienischen Einwandererfamilie, in ihren katholischen Schulen und in ihrer überwiegend weißen Mittelklasse-Gemeinschaft generationenübergreifende, kulturelle und gesellschaftliche Botschaften vermittelt worden waren, die ihr sexuelles Verlangen immer wieder beschämt hatten. Sie hatte schon früh gelernt, dass die Lust einer Frau gefährlich oder böse war, oder beides.

Wills Scham hing damit zusammen, dass er ein Mann war, der es vorzog, eine eher unterwürfige Rolle einzunehmen, obwohl er in anderen Bereichen seines Lebens gerne Führungs- und Autoritätspositionen einnahm. Seine wohlmeinende Mutter hatte ihn in dem Glauben erzogen, dass die männliche Sexualität ungehemmt gewalttätig und aggressiv sei, etwas, das gezügelt und überwacht werden müsse. Wie sich herausstellte, hatten Wills Wünsche, sobald er sich wohl genug fühlte, sie mitzuteilen, mit Machtdynamik, Kleidungsfetischen und Rollenspielen zu tun. Er hatte sich schon früh in seinem Leben wegen seiner erotischen Vorlieben und seines Geschmacks verurteilt gefühlt und diese Urteile verinnerlicht. In seiner früheren Ehe war es einfacher gewesen, sich einfach zu betäuben, alles mitzumachen und seine wahre Sexualität zu verbergen.

Wir alle nehmen von Geburt an Botschaften auf, die unsere Vorstellungen von Sexualität prägen, lange bevor wir überhaupt eine Vorstellung davon haben, was Sexualität ist. Wir lernen sehr schnell, ob es gut und lustvoll ist, in unserem Körper zu leben oder nicht. Wir entdecken, ob wir die ganze Bandbreite unserer Gefühle ausdrücken können oder ob es besser ist, unsere Gefühle im Zaum zu halten. Unsere Vergnügungen und Freuden stoßen auf mehr oder weniger große Zustimmung oder Ablehnung, so dass wir bestimmte Vorlieben unterdrücken, während wir anderen freien Lauf lassen. Wir nehmen wahr, ob es in Ordnung ist, körperlich und sinnlich zu sein, indem wir hören, fühlen, riechen, schmecken, berühren und durch unsere Fantasie, Kreativität und Vorstellungskraft. Wir stellen fest, ob die Welt uns mit Zustimmung begegnet, wenn wir uns auf eine vollständig verkörperte, körperliche Weise ausdrücken, und ob die von uns gesetzten Grenzen respektiert oder überschritten werden.

Während wir aufwachsen, werden uns ständig Botschaften vermittelt, die unser Selbstverständnis als erotische Wesen prägen, sei es durch die Erwartungen und Forderungen anderer, durch die sozialen Medien und die Kunst, durch die Art und Weise, wie Erwachsene Liebe, Berührung, Zuneigung und Sexualität vorleben, durch die geschlechtsspezifische Aufteilung von Kleidung, Büchern und Spielzeug in Geschäften und durch die versteckten Geschlechterhierarchien und unausgesprochenen Regeln in Bezug auf Körperlichkeit und Sinnlichkeit in Klassenzimmern, auf Spielplätzen und in unserem eigenen Zuhause.

Will und Lani tauchten tief in das Thema sexuelle Scham ein und unterstützten sich dabei gegenseitig. Will erkannte, dass er sich selbst betäubte und abschaltete, wenn er sich für einen Aspekt seiner Sexualität schämte - sei es real oder eingebildet. Manchmal schlug er um sich und beurteilte Lani als "unersättlich" oder "zu viel". Das bestärkte sie in ihrer Selbstverurteilung und bestätigte ihre schlimmsten Befürchtungen, ein "Freak" zu sein. Sie hatte immer befürchtet, dass ihr sexueller Appetit sie nicht liebenswert machte. Ihre Strategie zur Vermeidung von Scham, die allerdings weder besonders gesund noch erfolgreich war, bestand darin, sich selbst die Schuld zu geben und ihre Bedürfnisse zu verleugnen.

Lani und Will praktizierten eine "Huddle"-Mentalität, indem sie ein laufendes Protokoll der "Shaming Commandments" anlegten. Dabei handelte es sich um negative Botschaften, die sich auf ihre Sexualität auswirkten und von denen sie viele in ihrer Kindheit erhalten hatten. Sowohl in als auch außerhalb unserer Sitzungen untersuchten sie jedes Gebot, das sie identifizierten, zusammen mit den damit verbundenen Erinnerungen. Dann entwarfen sie neue sexpositive Gebote, die sie an ihrer Stelle annehmen könnten.

Übung

Nehmen Sie sich zwei Minuten Zeit, um die folgenden "Beschämenden Gebote" und "Sex-Positiven Gebote" anzuschauen oder Ihre eigenen in die vorgesehenen Felder zu schreiben. Markieren Sie die Gebote, auf die Sie sich beziehen können. Der Sprecher/die Sprecherin nennt dann ein sexpositives Gebot, das er/sie anstelle eines alten, beschämenden Gebots übernehmen könnte.

10 Qualitäten, die man üben sollte, um eine gesunde Beziehung in der Ehe zu finden

Was sind einige Schlüssel zu einer sicheren Beziehung? Wenn Sie produktive Partnerschaften sorgfältig analysieren, werden Sie feststellen, dass sie viele Gemeinsamkeiten aufweisen. Hier ist eine Liste mit einigen Dingen, die Sie in Ihrer Beziehung anstreben sollten, damit Sie wissen, worauf Sie achten müssen:

Einfühlungsvermögen

Die Fähigkeit eines Menschen, sich in einen hineinzuversetzen, ist in einer Beziehung entscheidend. Einfühlungsvermögen ist eine wesentliche Fähigkeit in einer Beziehung, die von beiden Parteien entwickelt werden sollte. Empathie ist die Fähigkeit, die Welt aus der Perspektive des Partners zu sehen. Um eine langfristige Beziehung aufzubauen, die auf gegenseitigem Verständnis beruht, muss man in der Lage sein, sich in die Lage des Partners zu versetzen. Empathie bedeutet, eine Gruppe zu sein, nicht ein unabhängiges "Ich", sondern ein "Wir".

Akzeptanz

Das wird Ihrem Partner helfen, Sie zu "verstehen". Er sollte Ihren Geschmack, Ihre Vorlieben, Ihre Abneigungen, Ihre Stimmungen, Ihre angeborene Persönlichkeit kennen - er sollte wissen, dass Sie "echt" sind und Sie lieben, weil Sie genau so sind, wie Sie sind. Akzeptanz ist eine entscheidende Fähigkeit, um eine Verbindung herzustellen. Sie und Ihr Partner sollten sich gegenseitig so annehmen, wie Sie sind, mit all Ihren Fehlern und Schwächen. Wegen all dem, was Sie sind, wird Ihr Partner Sie lieben. Tolerieren Sie nichts Geringeres.

Chemie

Die körperliche Chemie ist wesentlich. Auch wenn das Wichtigste auf dieser Liste nicht unbedingt eine gesunde Beziehung ist, so ist doch die Anziehungskraft eine Grundvoraussetzung dafür. Sie und Ihr Partner sollten sich körperlich und emotional zueinander hingezogen fühlen, und diese Anziehung trägt zu einem gesunden Maß an Chemie bei, das über einen längeren Zeitraum aufrechterhalten werden kann.

Unveränderlichkeit

Ihr Partner steht fest zu seinen Versprechen und seiner Verantwortung gegenüber Ihnen. Ihr Partner wird Ihnen gegenüber sein Wort halten. Standhaftigkeit führt zu Vertrauen, das für langfristige, stabile Beziehungen notwendig ist. Wenn Ihr Partner Ihnen gegenüber nicht standhaft ist, dann haben Sie weniger Gründe, Vertrauen in diese Person zu entwickeln. Gehen Sie nicht eng mit jemandem zusammen, der sein Versprechen nicht halten kann.

Ziele

Es ist von entscheidender Bedeutung, dass Sie und Ihr Partner die Ziele des anderen im Leben unterstützen. Beziehungen erfordern kontinuierliche Arbeit und beinhalten den Wunsch, dass Sie und Ihr Partner zusammenarbeiten und zusammen wachsen. Ihr Partner wird Sie in Ihrem Leben unterstützen und Ihnen dabei helfen, die von Ihnen gewünschten Ziele zu erreichen.

Großzügigkeit

Ihr Partner wird Ihnen gegenüber mitfühlend sein, nicht in finanzieller, sondern in emotionaler Hinsicht. Am wichtigsten ist, dass Ihr Partner Ihnen gegenüber großzügig mit seiner Zeit ist. Die Fähigkeit zu "geben" ist ein wesentlicher Aspekt einer Beziehung. Wenn Sie den Eindruck haben, dass Ihr Partner nur nimmt und nimmt, ohne zu teilen, ist es vielleicht an der Zeit, sich einen neuen Partner zu suchen. Großzügigkeit ist die Grundlage einer guten Beziehung.

Prioritäten

Sie und Ihr Partner müssen nicht unbedingt die gleichen Prioritäten im Leben haben, aber wenn die Prioritäten übereinstimmen, ist das sicherlich hilfreich. Wenn Sie eines Tages nach Indien reisen möchten, um in einem spirituellen Retreat Yoga zu unterrichten, und Ihr Partner nach Los Angeles ziehen möchte, um eine Karriere in der Unterhaltungsindustrie zu starten, passen Ihre Ziele sicherlich nicht zusammen. Gelegentlich können Ziele geändert oder neu definiert werden, damit eine Partnerschaft erfolgreich ist, was in Ordnung ist, aber beide Parteien sollten in dieser Hinsicht gleichermaßen flexibel sein.

Vertrauen

Vertrauen ist der wichtigste Faktor, der über Erfolg oder Misserfolg einer Partnerschaft entscheidet. Sie müssen in der Lage sein, Ihrem Partner zu vertrauen, und Ihr Partner muss Vertrauen in Sie haben. Und Sie beide sollten Grund zum Vertrauen geben. Durch Vertrauen haben Sie die Möglichkeit, verletzlich zu sein - ein entscheidender Faktor für langfristige, produktive Partnerschaften. Wenn Ihr Partner nicht ehrlich sein kann, ist es an der Zeit, weiterzuziehen.

Kommunikation

Eine gute Beziehung verfügt über ein umfassendes Kommunikationssystem. In ungeeigneten Beziehungen ist die Kommunikation zwischen den Partnern fast immer schlecht. Emotional gesehen sollten Sie und Ihr Partner die gleiche Sprache sprechen, d. h. Sie sollten in der Lage sein, Ihre Wünsche effektiv auszudrücken. Keiner der Partner sollte sich scheuen, sich auszudrücken, wenn es nötig ist, und keiner sollte sich scheuen, seine Gefühle mitzuteilen, egal in welcher Phase.

Selbstverpflichtung

Verbindlichkeit ist die höchste Qualität, die es bei der Entscheidung für eine wunderbare Partnerschaft zu finden gilt. Wenn Sie auf der Suche nach Liebe und einer langfristigen Beziehung sind, müssen Sie und Ihr Partner fähig und bereit sein, sich aufeinander einzulassen und alle Kompromisse und Veränderungen zu akzeptieren, die für den Übergang vom Single-Dasein zum Paarleben erforderlich sind. Liebe ist die Voraussetzung für Engagement. Wenn man jemanden liebt, ist das Engagement nichts weniger als natürlich.

CPSIA information can be obtained
at www.ICGtesting.com
Printed in the USA
BVHW072216200123
656715BV00009B/348